MEDIEVAL ACTIVITY BOOK

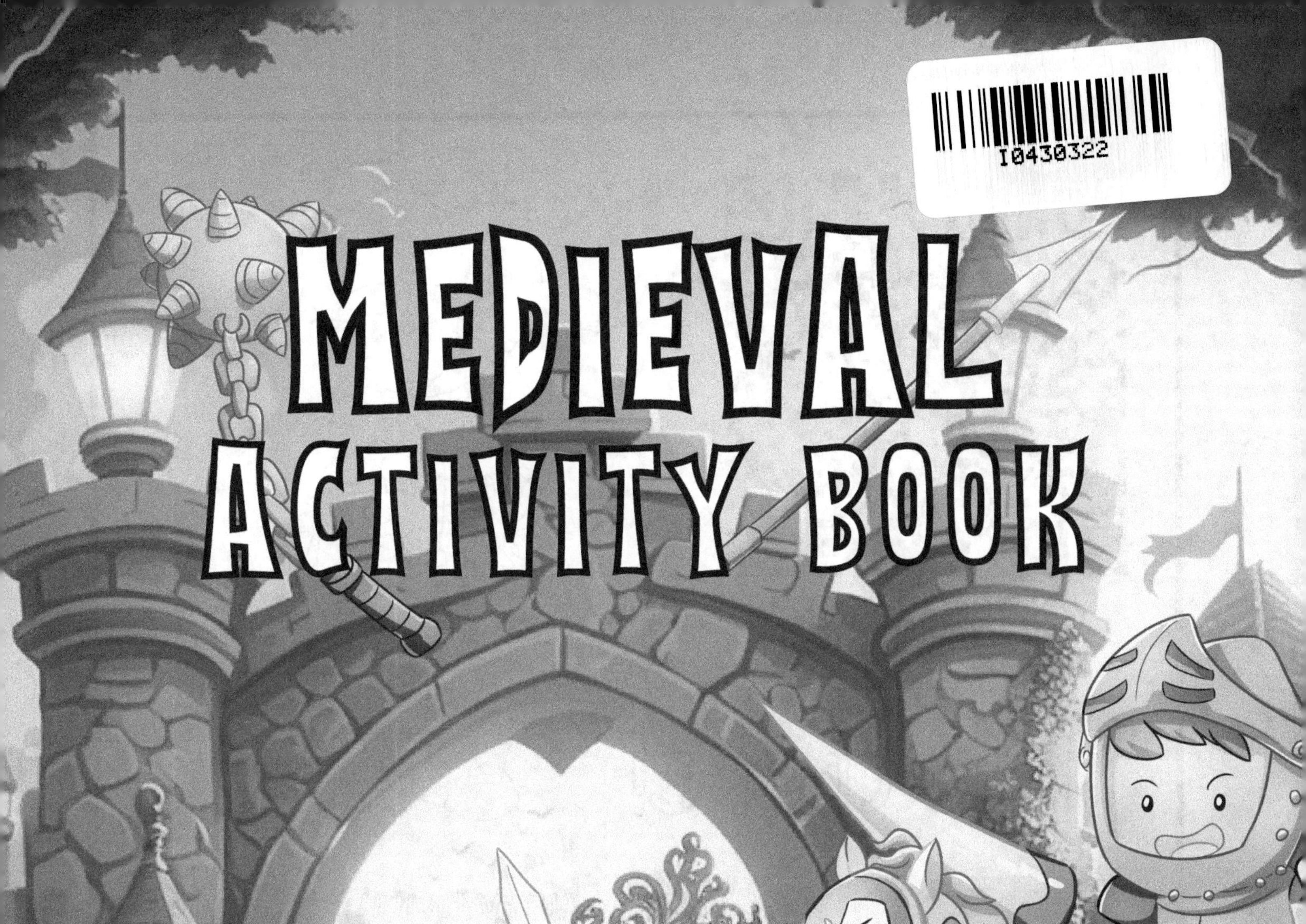

FOR KIDS AGES 3-8

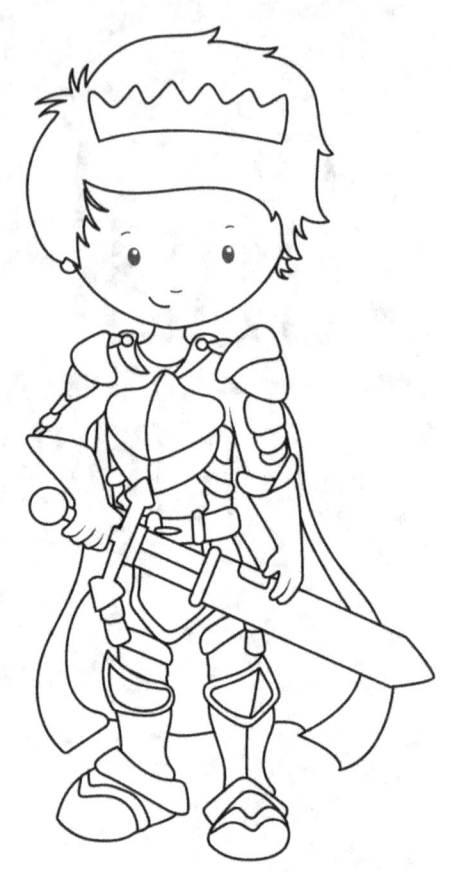

SCAN ME
Hello there!

Thank you for purchasing this Activity book. I am extremely grateful and hope you and your family enjoy it.

Please consider sharing it with friends or family and leaving a review online. Your feedback and support are always appreciated, and allow me to continue doing what I love.

Scan the QR code to check the rest of the collection and Leave a review.

This Book Belongs to

_ _ _ _ _ _ _ _ _ _

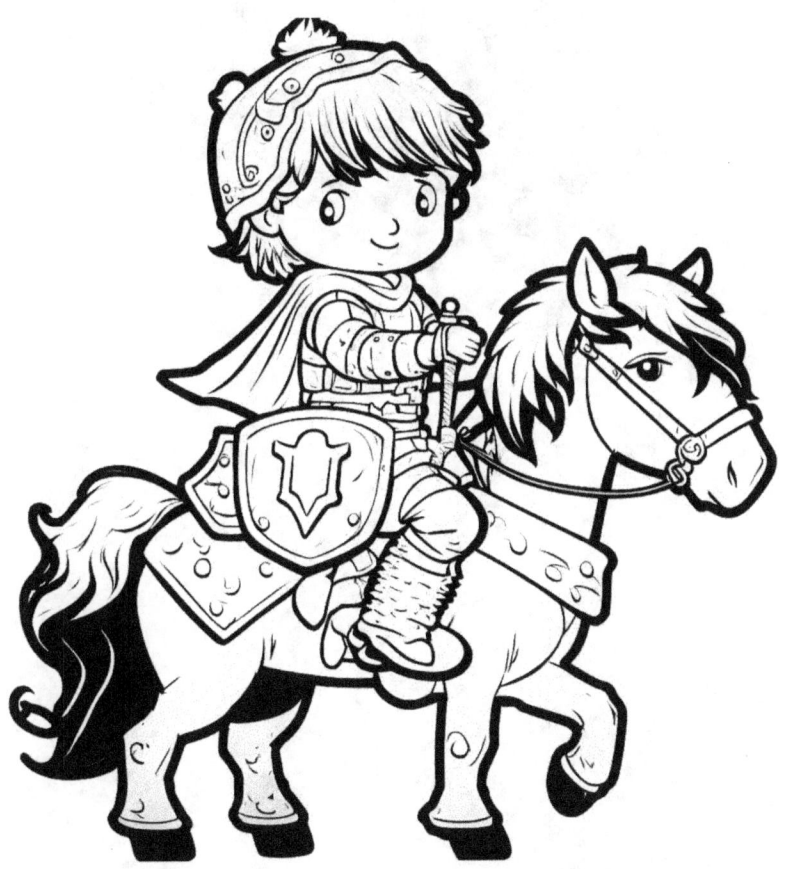

COPYRIGHT©ZAGS PRESS ALL RIGHTS RESERVED.

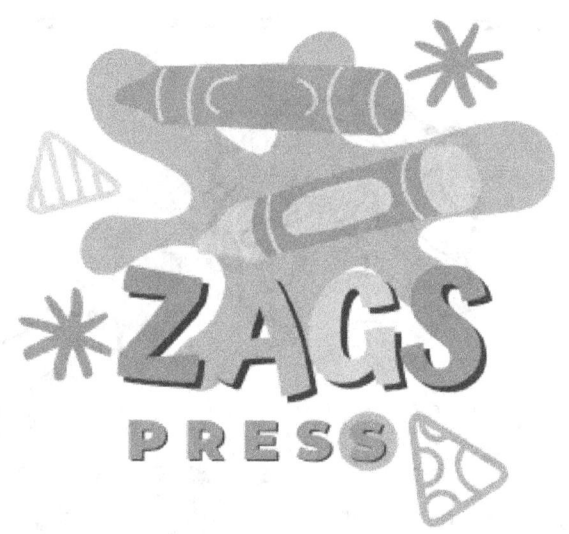

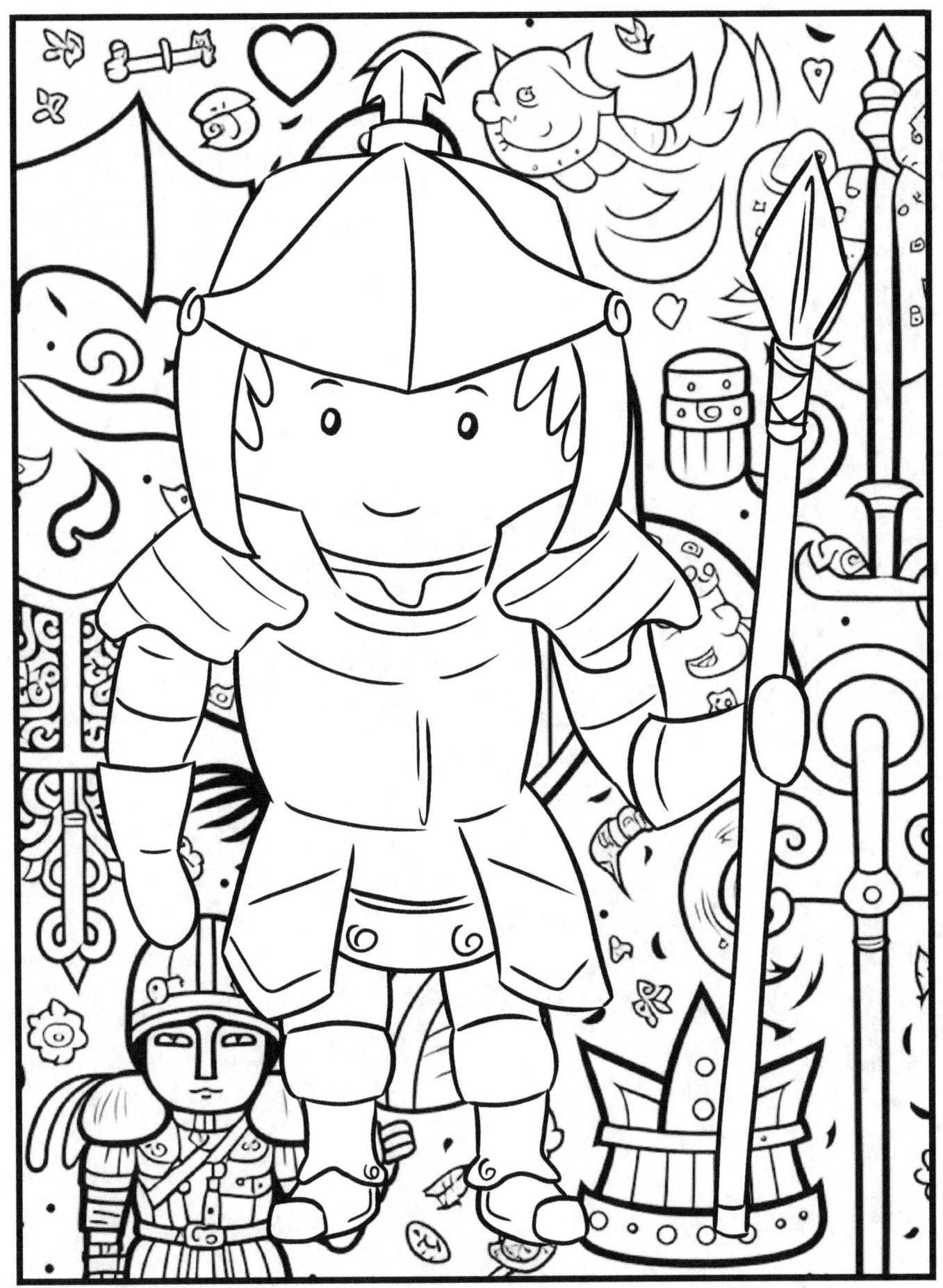

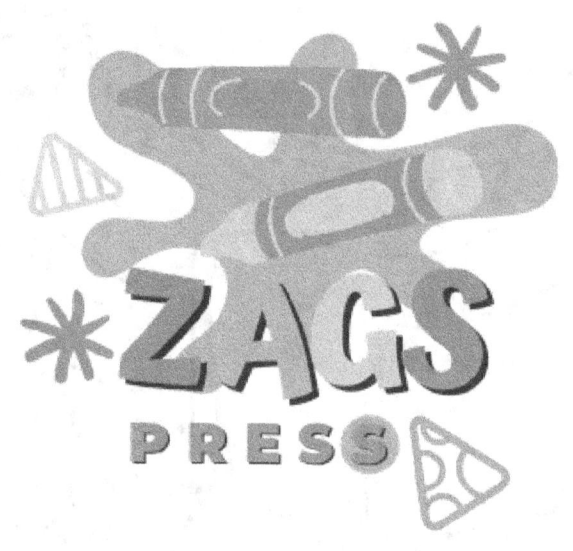

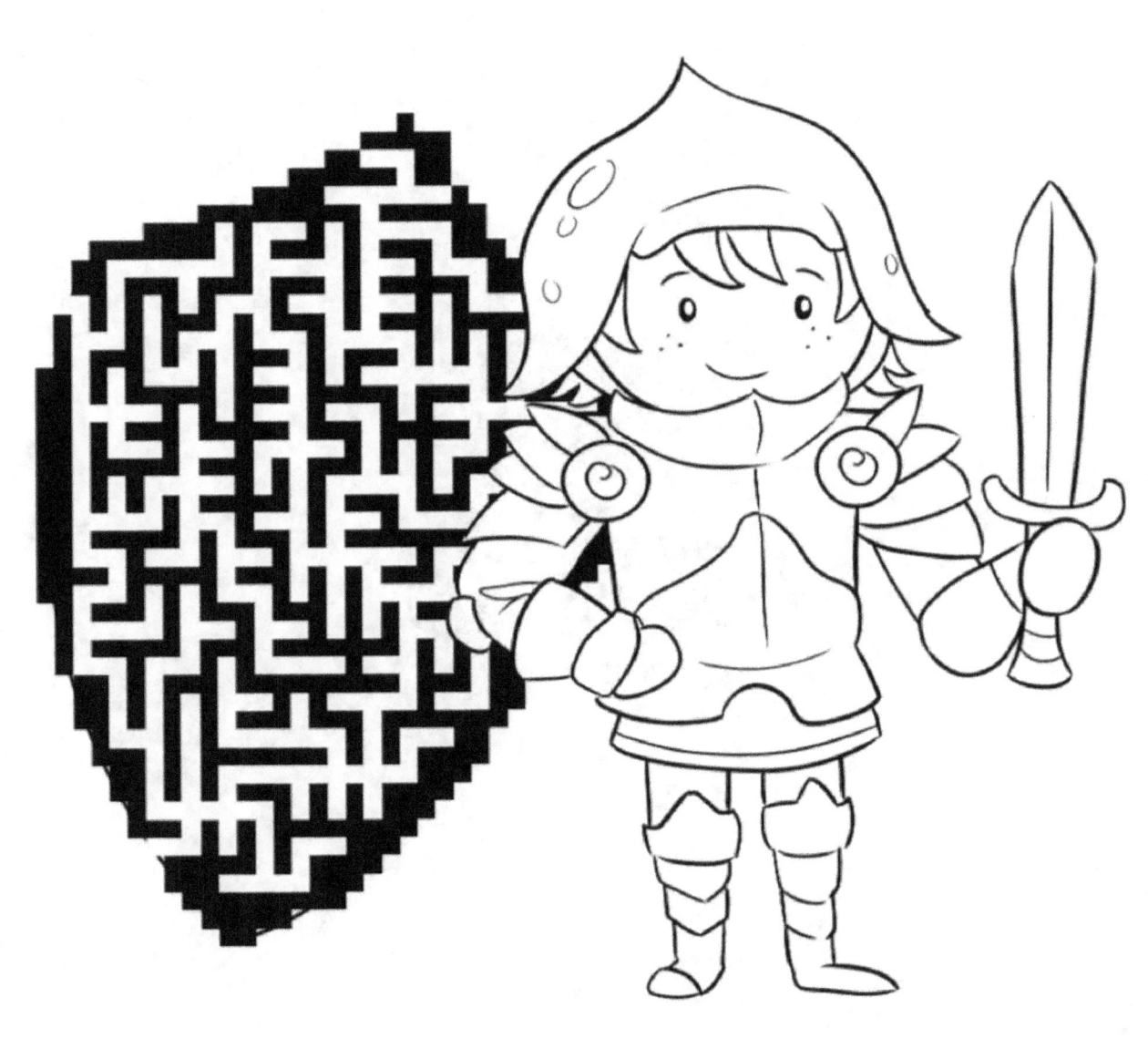

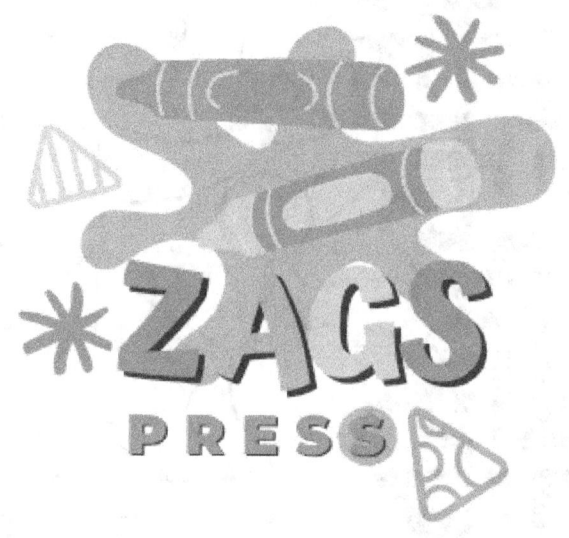

```
E I G S A J D Z B F L A O S H F
U I G T K Q Y A G C P I D H D F
D R W Y D R F Q E O K S S Z Y J
R J P W P E O H W O F B E E C E
M I R S P A D S P E A R L B F N
H A K Z R J M R L O P N K R T I
E C C M U J T N V Z R C L X E E
G G O U D I E E N V A K U A I I
T R M Y Z F I E X X D N I C Z A
R H W L M C I D L I F D W I Y Z
M C G W J C J A G L A L C S S Y
D A K I N Q Y O P S N H A S O J
I K R A N J G Z T M T Q S A L D
W O K E F K E Q H Y A Y T L J T
I Y L D Q V Z R Q M S H L C Y S
V D B P N J Z A R W Y M E G C J
```

ANCIENT
FANTASY
ARMOR
SPEAR
KNIGHT
CLASSICAL
CASTLE

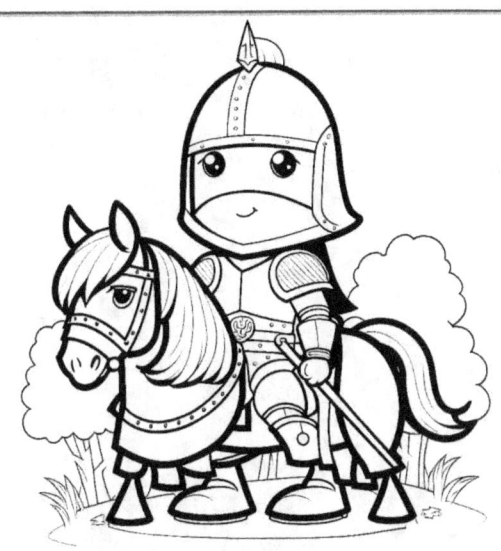

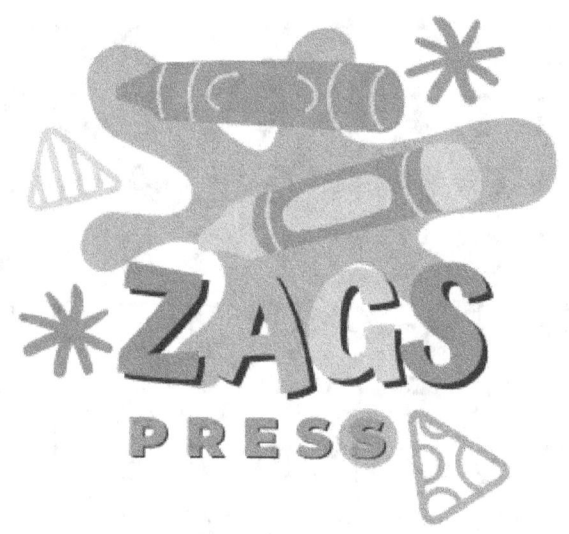

Addition Practice

1) 5 + ☐ = 6
2) 2 + ☐ = 10
3) 5 + ☐ = 13
4) 3 + ☐ = 4
5) 2 + ☐ = 4
6) 1 + ☐ = 4
7) 1 + ☐ = 10
8) 8 + ☐ = 12
9) 9 + ☐ = 10
10) 2 + ☐ = 5
11) 5 + ☐ = 12
12) 7 + ☐ = 16
13) 3 + ☐ = 7
14) 4 + ☐ = 13
15) 3 + ☐ = 12
16) 9 + ☐ = 16
17) 7 + ☐ = 12
18) 1 + ☐ = 4
19) 9 + ☐ = 18
20) 3 + ☐ = 5
21) 5 + ☐ = 14
22) 3 + ☐ = 5
23) 2 + ☐ = 3
24) 8 + ☐ = 11
25) 8 + ☐ = 9
26) 4 + ☐ = 7
27) 1 + ☐ = 5
28) 4 + ☐ = 9
29) 4 + ☐ = 7
30) 6 + ☐ = 14
31) 8 + ☐ = 12
32) 3 + ☐ = 11
33) 9 + ☐ = 11
34) 9 + ☐ = 10
35) 1 + ☐ = 9
36) 2 + ☐ = 4
37) 7 + ☐ = 15
38) 6 + ☐ = 10
39) 9 + ☐ = 14
40) 4 + ☐ = 13
41) 3 + ☐ = 4
42) 7 + ☐ = 8
43) 2 + ☐ = 10
44) 2 + ☐ = 9
45) 2 + ☐ = 10
46) 5 + ☐ = 13
47) 4 + ☐ = 12
48) 7 + ☐ = 9

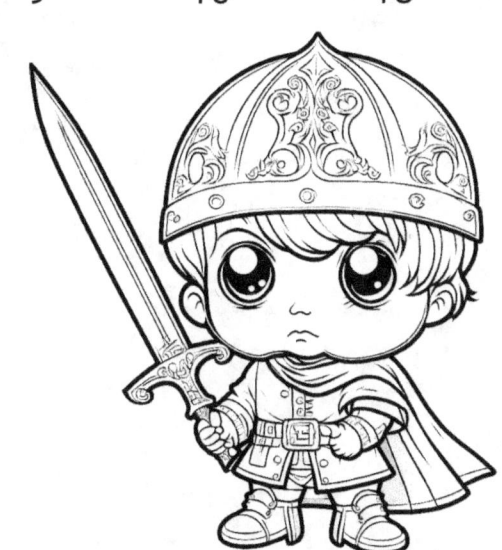

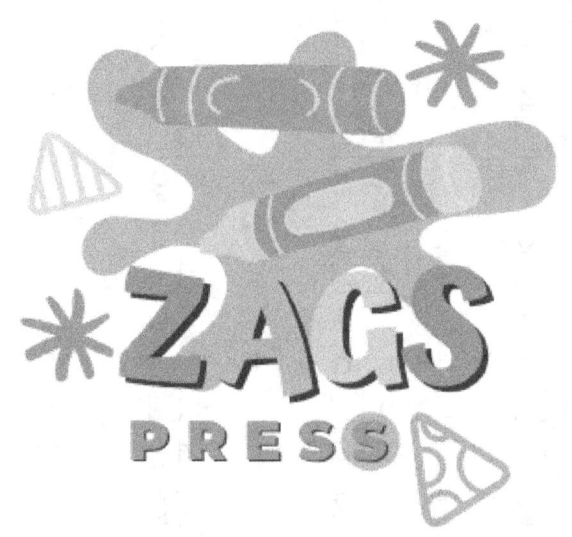

Finish the Image, then Color

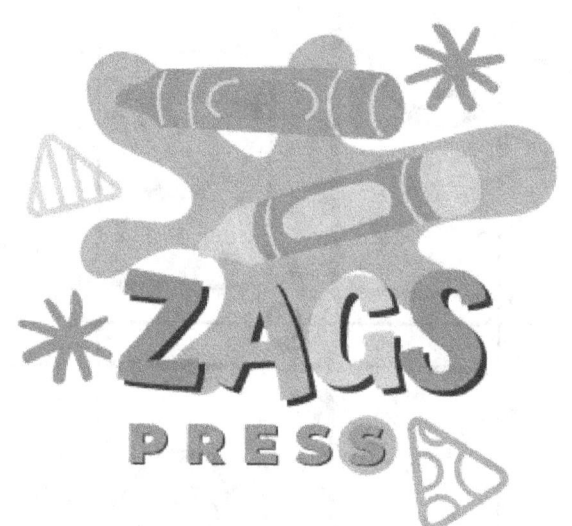

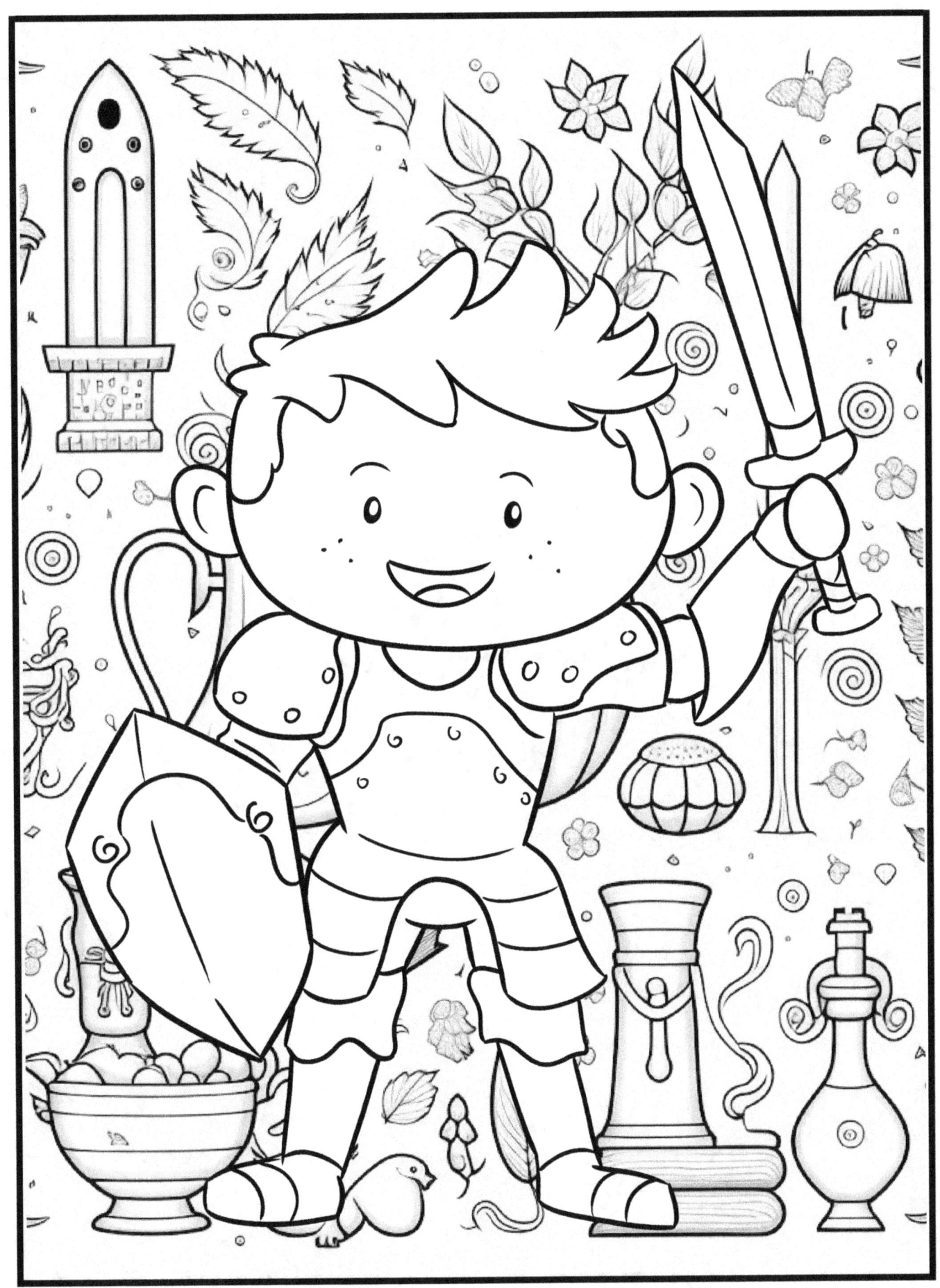

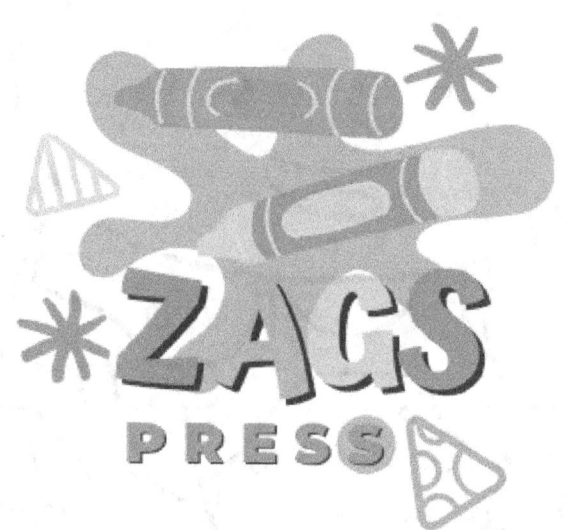

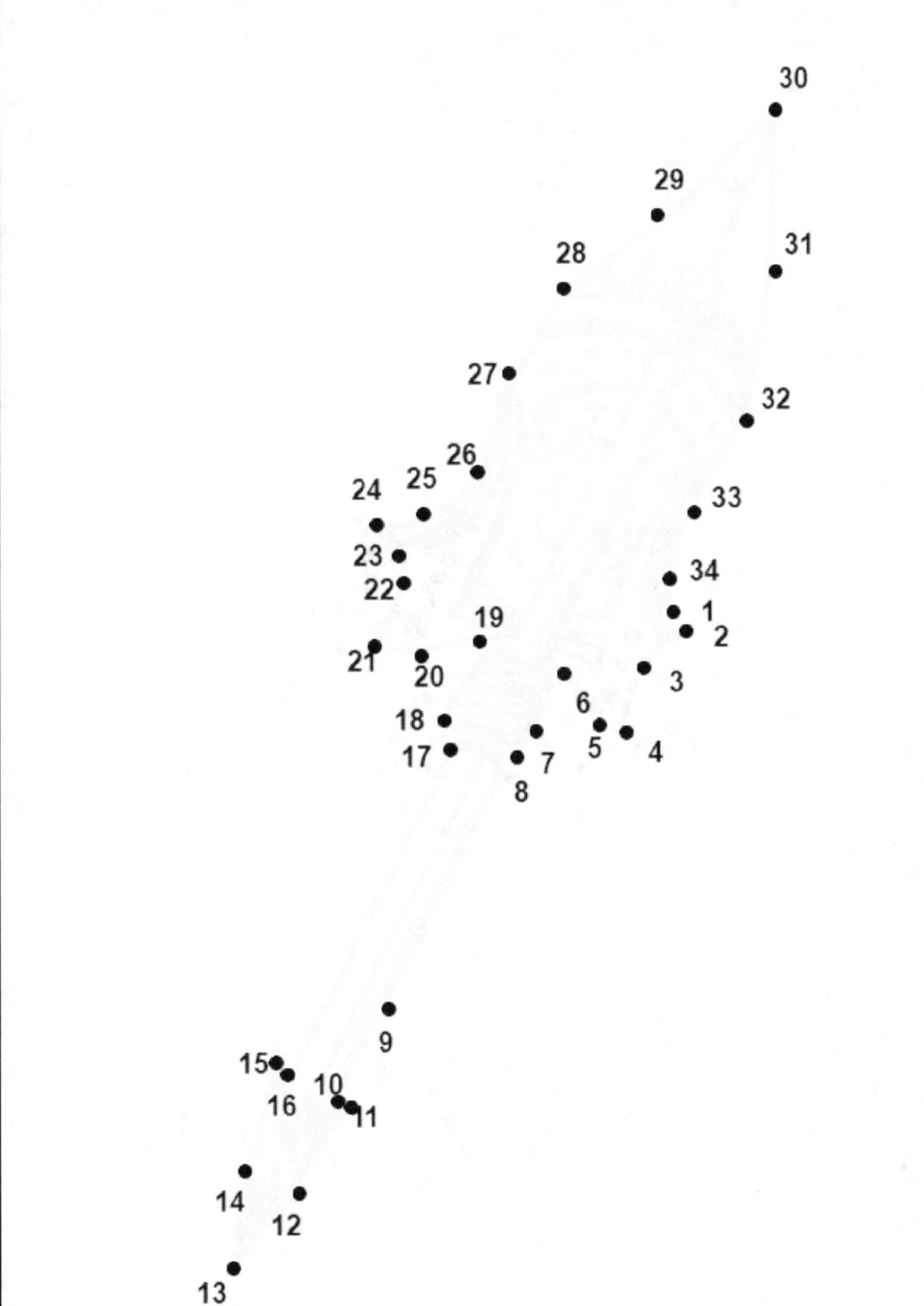

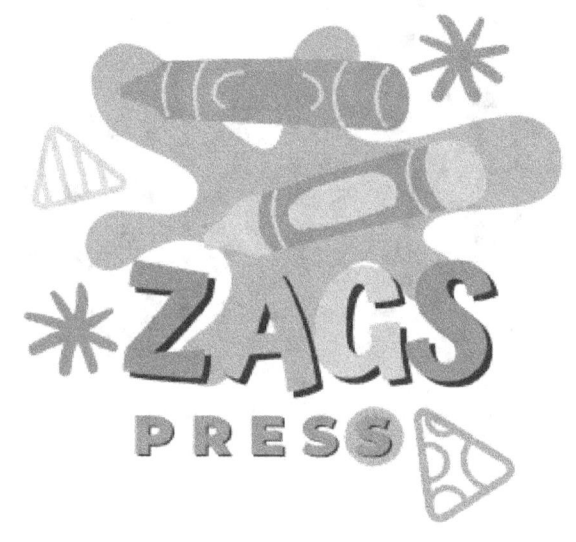

Subtraction Practice

1) 5 + ☐ = 11
2) 5 + ☐ = 11
3) 4 + ☐ = 10
4) 7 + ☐ = 11
5) 3 + ☐ = 4
6) 3 + ☐ = 8
7) 2 + ☐ = 7
8) 5 + ☐ = 8
9) 5 + ☐ = 8
10) 3 + ☐ = 11
11) 8 + ☐ = 13
12) 2 + ☐ = 6
13) 7 + ☐ = 13
14) 6 + ☐ = 11
15) 2 + ☐ = 5
16) 5 + ☐ = 11
17) 3 + ☐ = 11
18) 9 + ☐ = 14
19) 1 + ☐ = 2
20) 4 + ☐ = 8
21) 2 + ☐ = 8
22) 1 + ☐ = 8
23) 3 + ☐ = 4
24) 7 + ☐ = 16
25) 8 + ☐ = 14
26) 3 + ☐ = 4
27) 8 + ☐ = 11
28) 3 + ☐ = 8
29) 6 + ☐ = 11
30) 1 + ☐ = 3
31) 6 + ☐ = 12
32) 4 + ☐ = 5
33) 1 + ☐ = 3
34) 8 + ☐ = 12
35) 4 + ☐ = 9
36) 2 + ☐ = 6
37) 9 + ☐ = 12
38) 3 + ☐ = 7
39) 2 + ☐ = 6
40) 9 + ☐ = 12
41) 3 + ☐ = 9
42) 1 + ☐ = 9
43) 2 + ☐ = 6
44) 4 + ☐ = 12
45) 9 + ☐ = 13
46) 4 + ☐ = 13
47) 3 + ☐ = 9
48) 3 + ☐ = 9

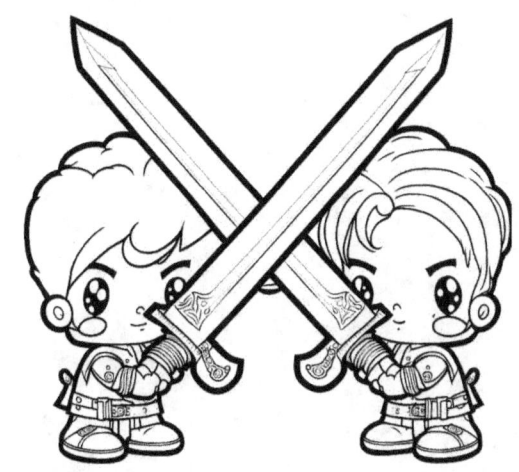

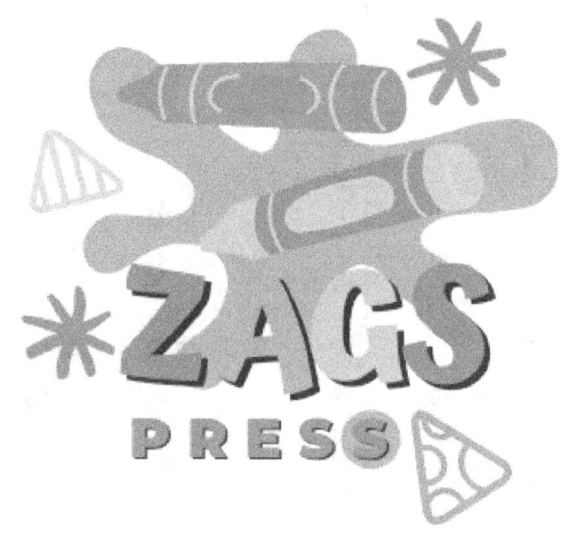

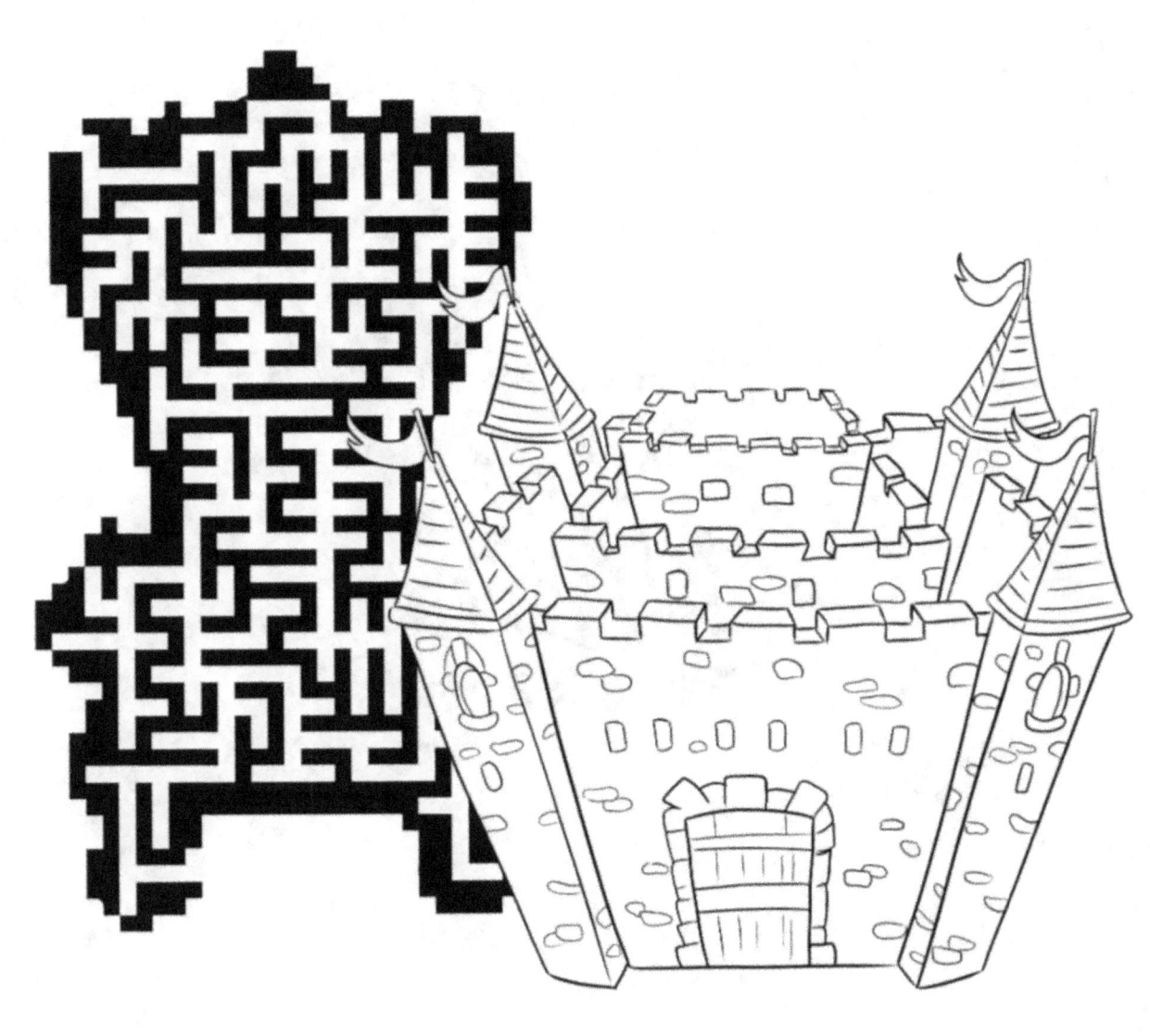

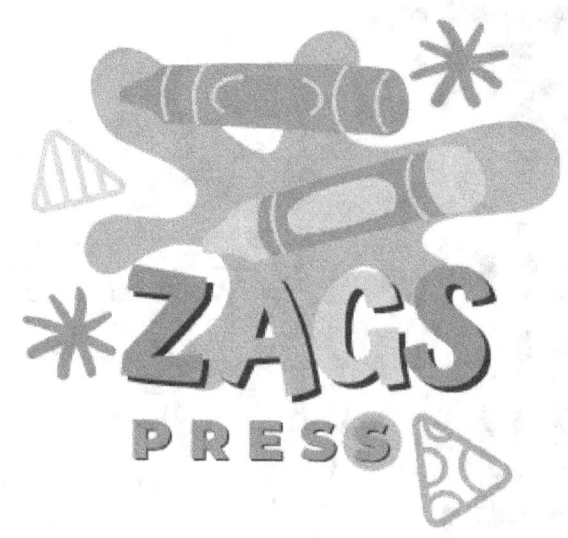

```
K O I Y T E G I L U E Q I X L A
C R C E Q U U S X F G N A R M K
T Q S O C I R L A V I H C P N E
F B P T M N J C L L W K P W A R
M A S J G P X Y O A N E H M C T
E M K P F N B M G V L K L O F Z
X U Q J H L O W P E P S V R P Q
T N R H G I Z E D I Y C W X U N
H G J O T Q S N C D G G F F C E
H B G Z P H U T R E S I U P C G
E P X X L E Y O O M I F W V G C
L G B Z D D N N Z R D B Y J R H
M A X S P A Z P I J I I P M A O
E N B P M Z C T R U N C P J R O
T B W T J L D U J O T U A A G B
F I B Q I O Z F K T B H X L F H
```

EUROPE
MANOR
HISTORICAL
MEDIEVAL
CHIVALRIC
FOLK
HELMET

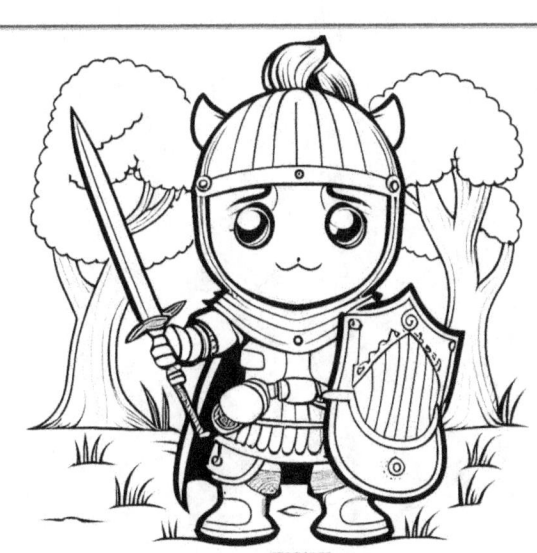

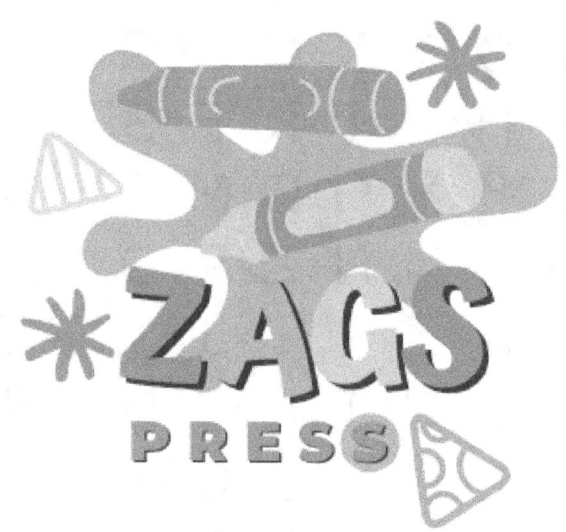

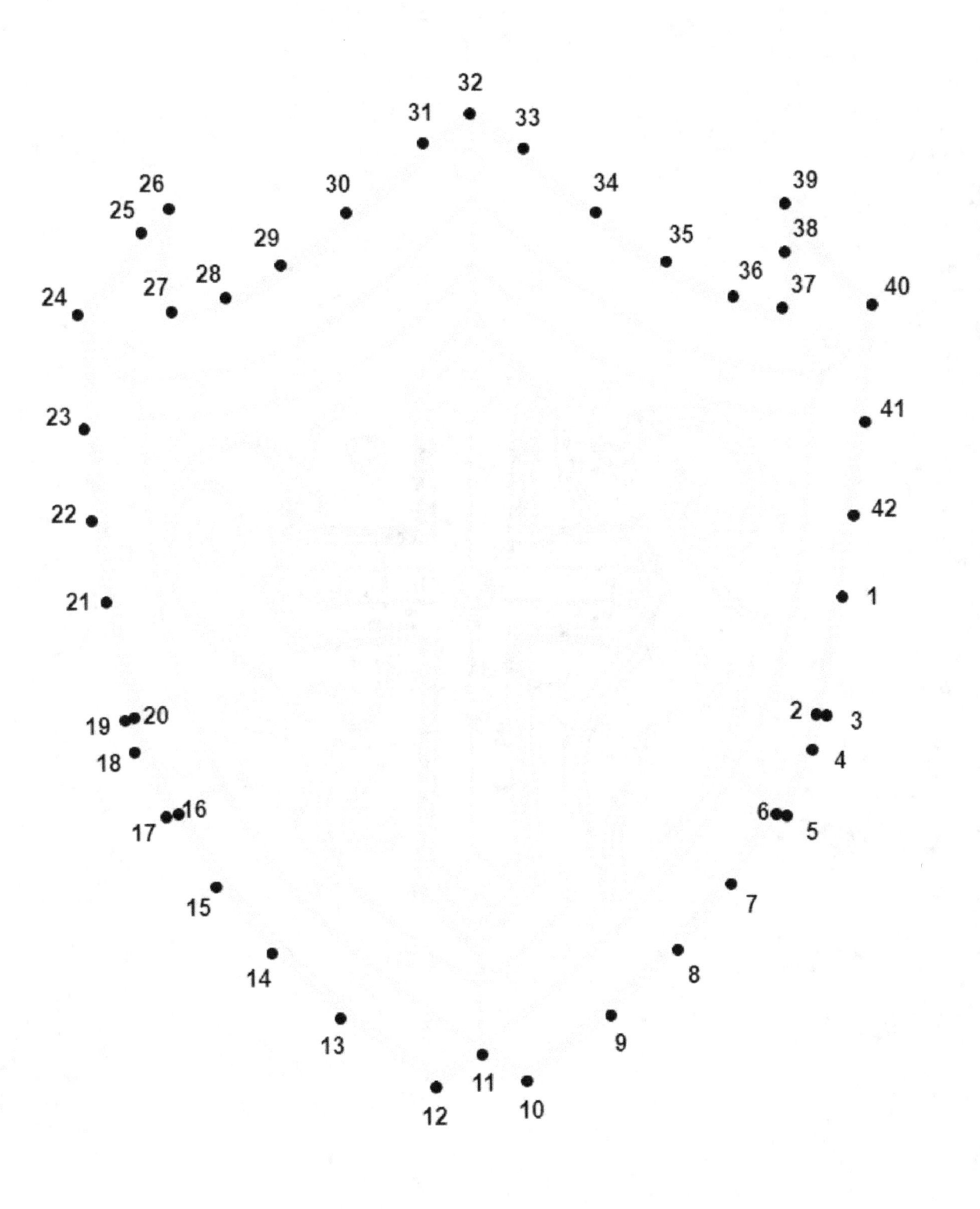

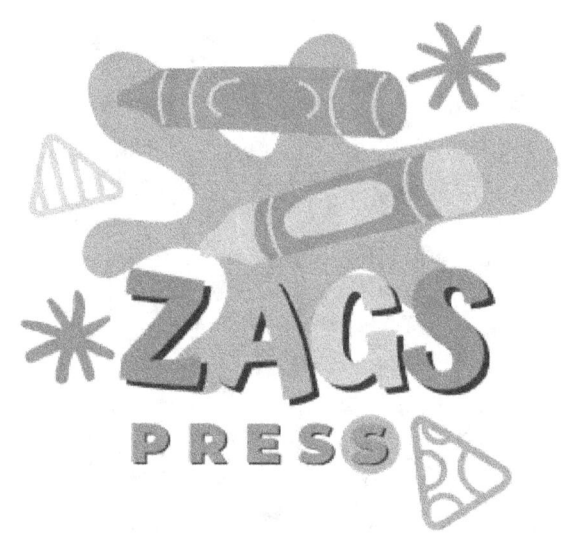

Addition Practice

1) 9 − ☐ = 7
2) 6 − ☐ = 0
3) 5 − ☐ = 1
4) 4 − ☐ = 2
5) 9 − ☐ = 7
6) 9 − ☐ = 0
7) 7 − ☐ = 2
8) 8 − ☐ = 7
9) 5 − ☐ = 2
10) 6 − ☐ = 3
11) 4 − ☐ = 2
12) 5 − ☐ = 4
13) 7 − ☐ = 3
14) 2 − ☐ = 1
15) 5 − ☐ = 4
16) 8 − ☐ = 5
17) 3 − ☐ = 0
18) 8 − ☐ = 1
19) 8 − ☐ = 6
20) 9 − ☐ = 4
21) 6 − ☐ = 1
22) 7 − ☐ = 3
23) 7 − ☐ = 6
24) 2 − ☐ = 0
25) 7 − ☐ = 2
26) 9 − ☐ = 3
27) 3 − ☐ = 1
28) 9 − ☐ = 2
29) 6 − ☐ = 2
30) 7 − ☐ = 2
31) 4 − ☐ = 3
32) 8 − ☐ = 3
33) 7 − ☐ = 2
34) 7 − ☐ = 1
35) 7 − ☐ = 4
36) 5 − ☐ = 0
37) 4 − ☐ = 3
38) 8 − ☐ = 0
39) 9 − ☐ = 8
40) 3 − ☐ = 0
41) 9 − ☐ = 2
42) 9 − ☐ = 3
43) 9 − ☐ = 5
44) 8 − ☐ = 1
45) 8 − ☐ = 0
46) 9 − ☐ = 0
47) 5 − ☐ = 4
48) 1 − ☐ = 0

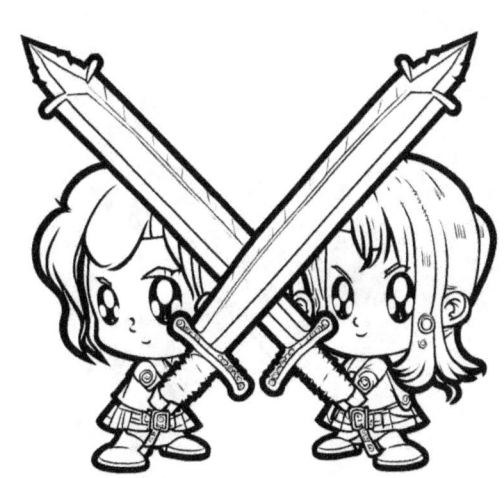

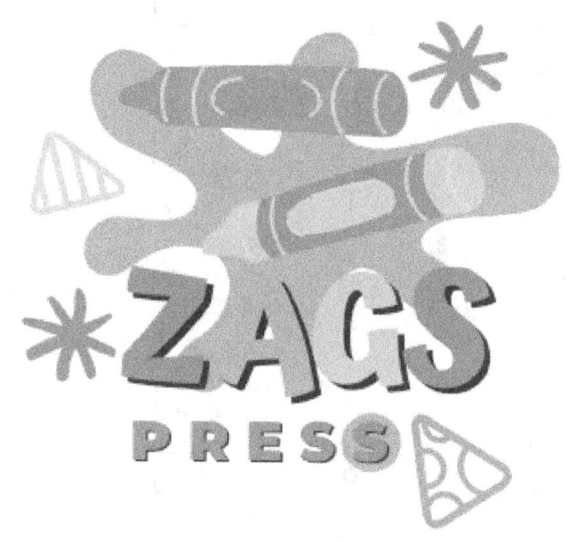

Which image is the odd one out?

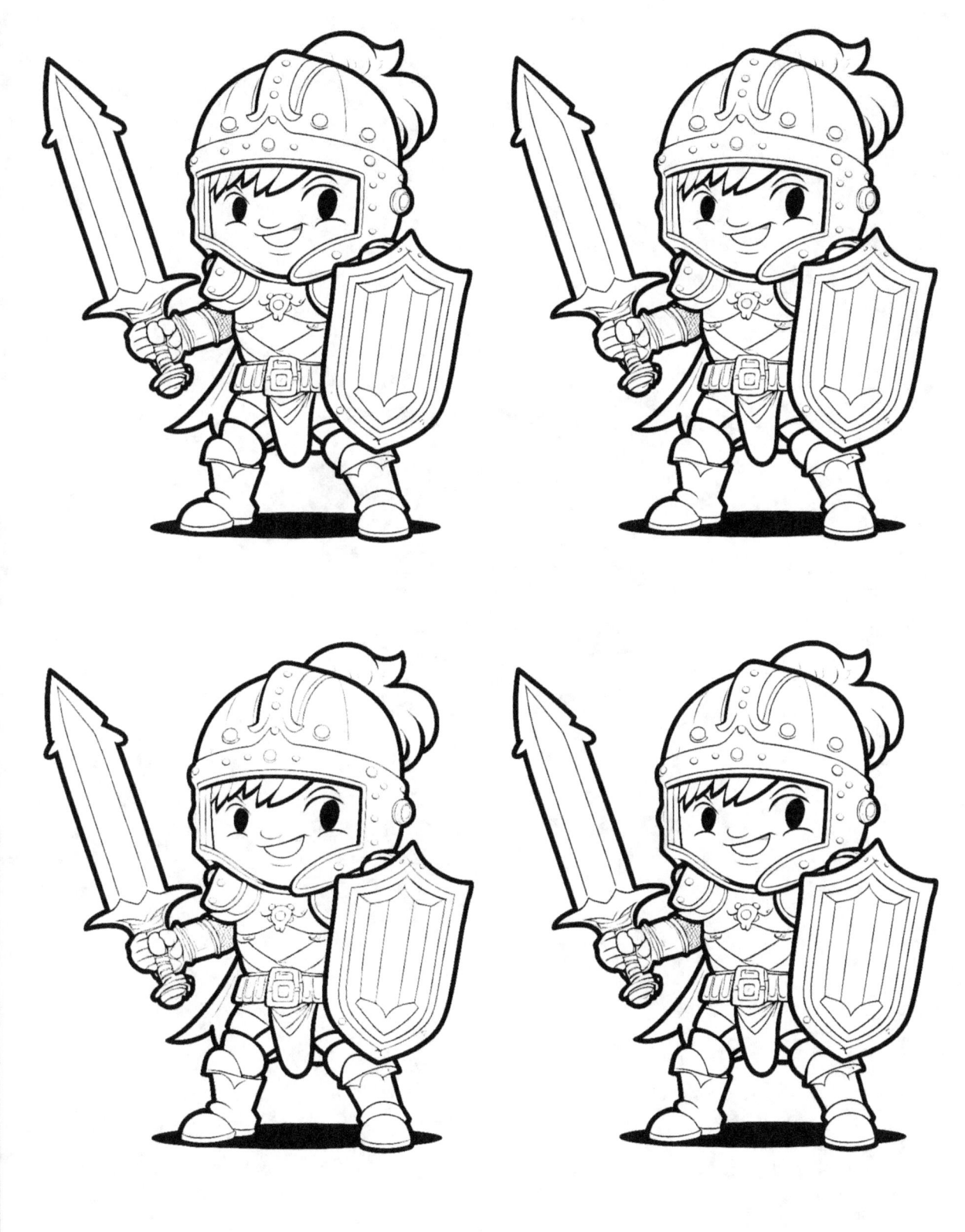

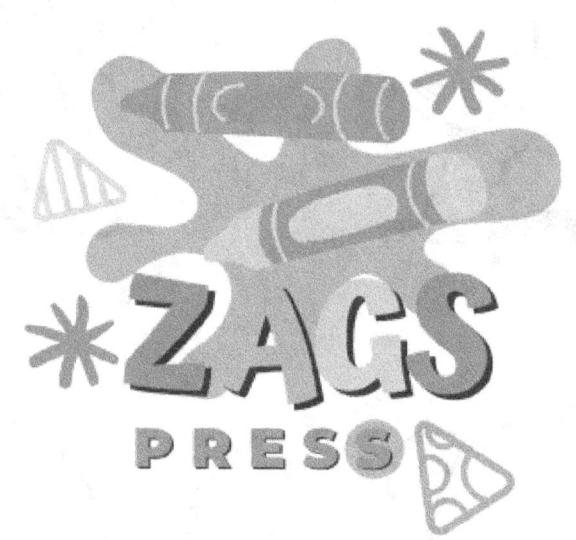

ISPY

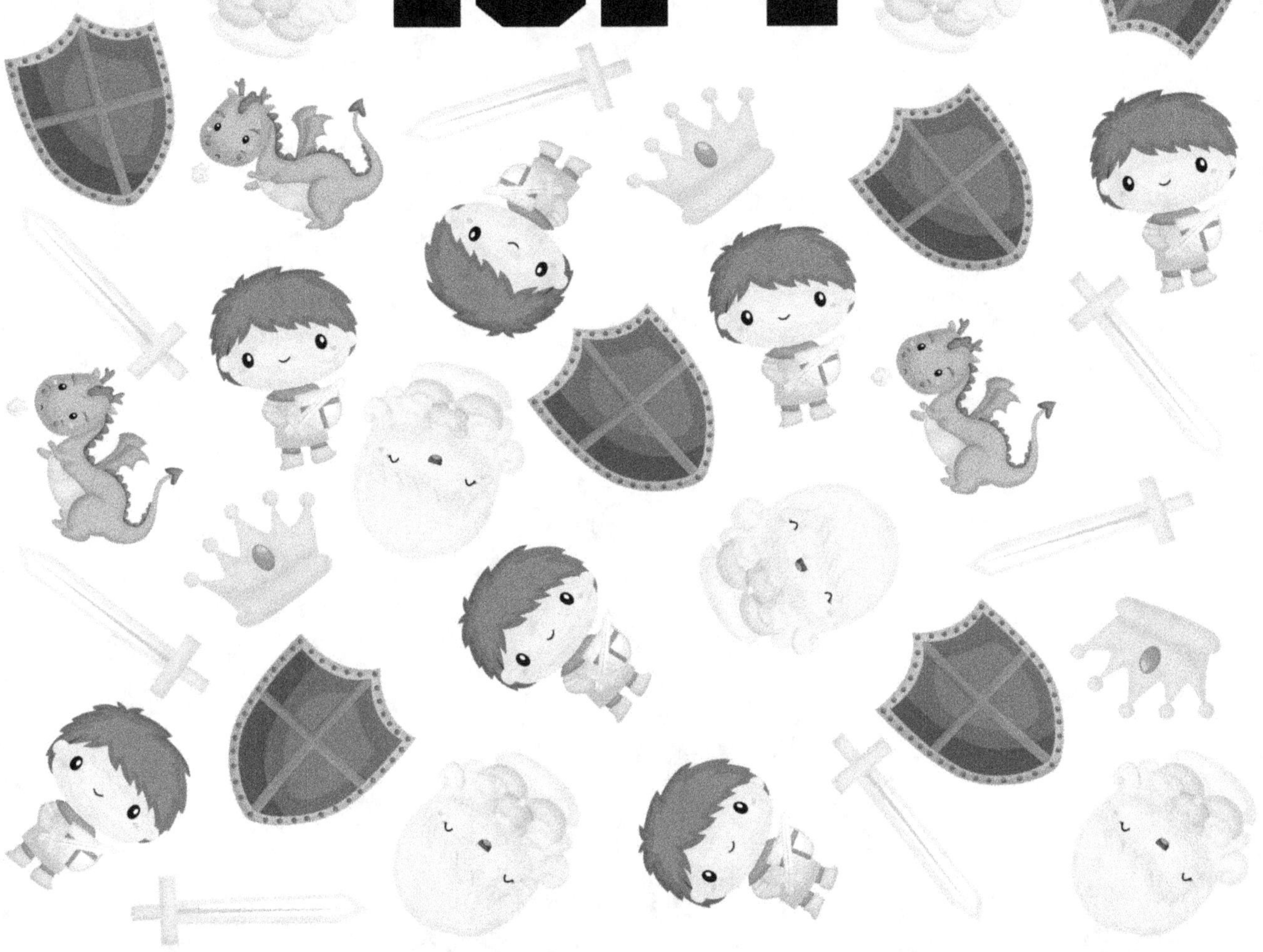

How many do you see?

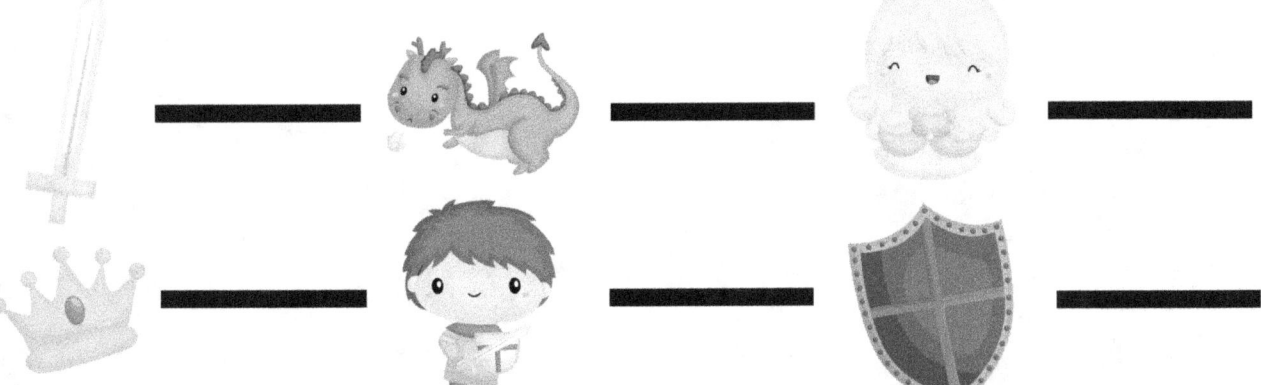

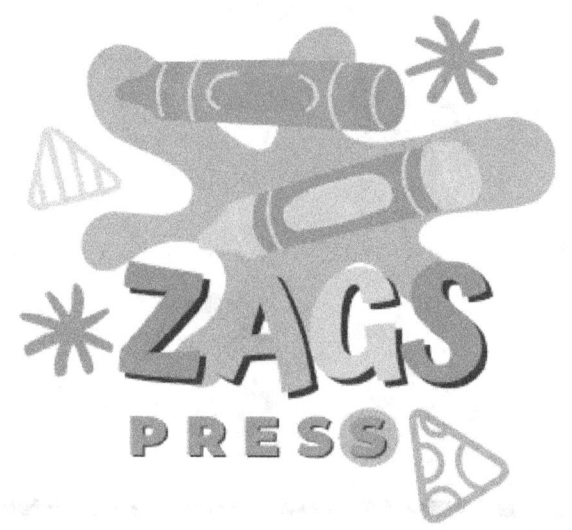

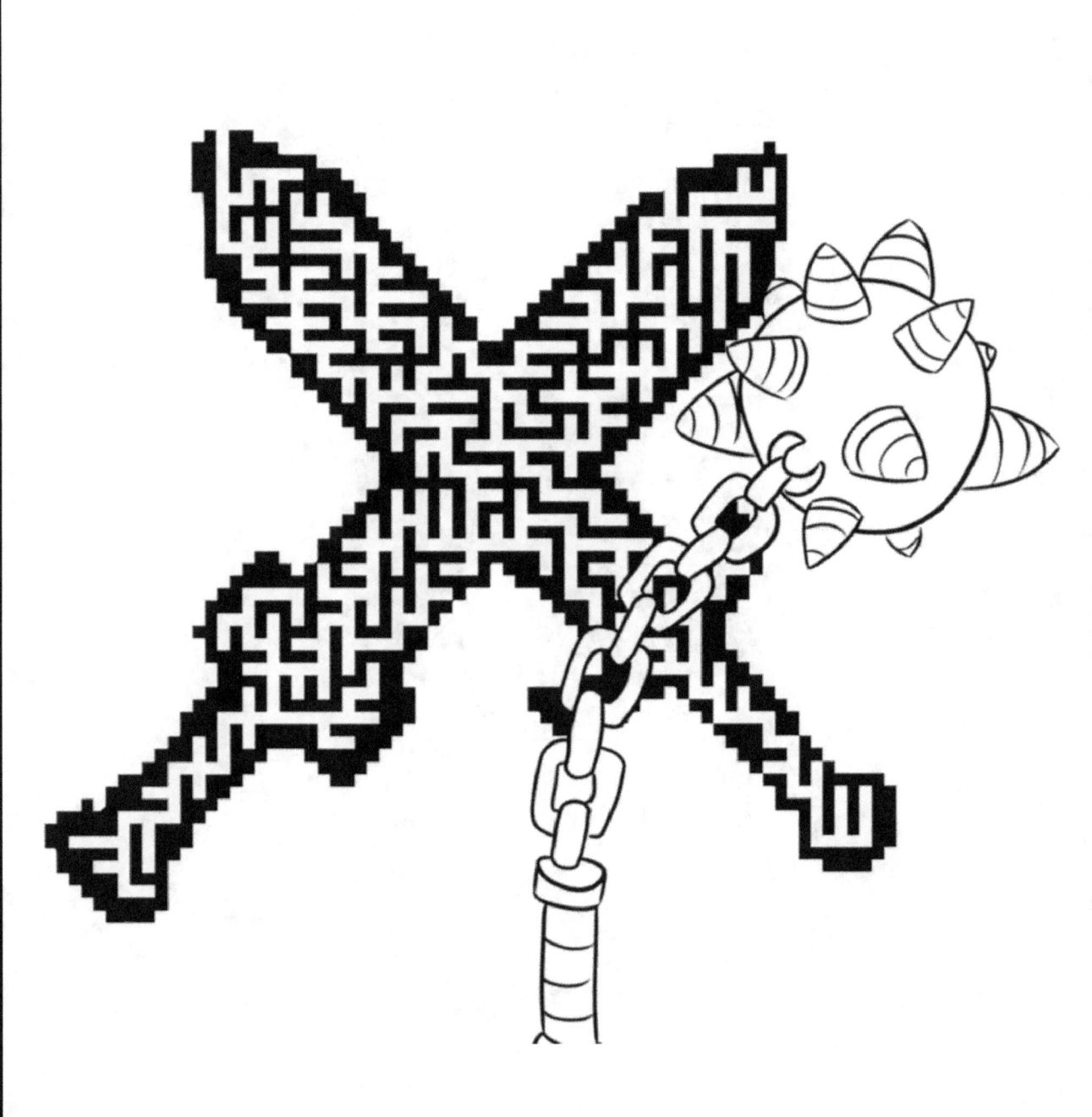

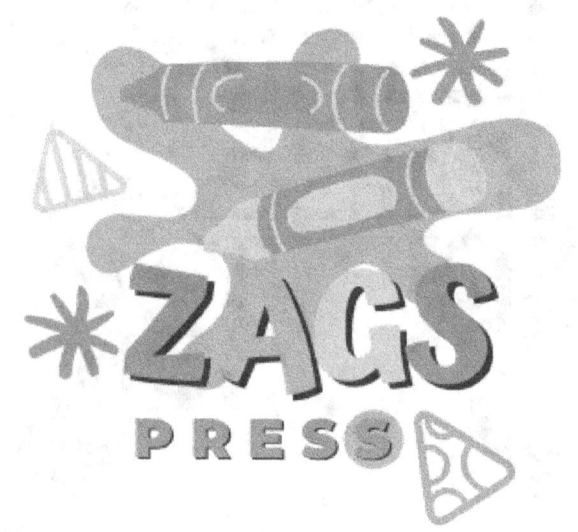

```
U P D O K M U P E K H E X V L B
B E W Q X E Q K B T D Z U A L V
L E L M I R Y T L A Y O R C T Q
O C C X K P V X J Q H W I M N J
G L C I F I D H Q V I L H M T S
Z H I Z C A N V J U W M Z E W E
L F G H Y V I G G U R N W L H W
U C A M P H H R D R N D H E Z J
H P M N M Q H B Y O T H R E R U
C E H T Y G D Z B T M F X O D V
D B V R A U I U C V A V G Y W H
S H M Q B V D G N F H L C P S S
F O Y M Q Y O N Z S Z B E H U R
X B X W T D O G W O H A Q U A T
F C E I M W N N I D A H E R F A
L W C O N Q U E S T D K A W J O
```

SWORD
FAIRYTALE
CONQUEST
MAGIC
KINGDOM
ROYALTY
MELEE

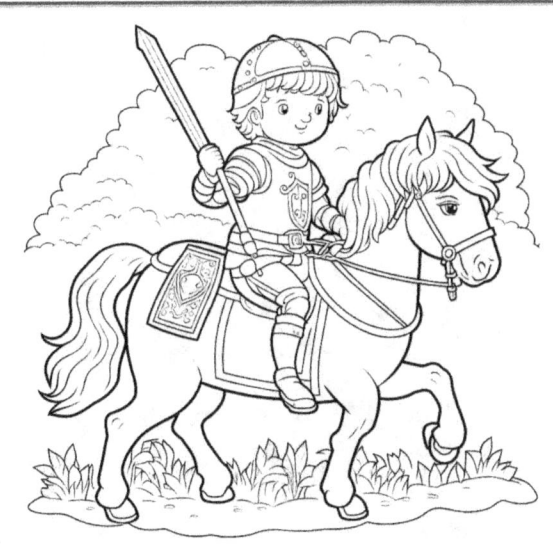

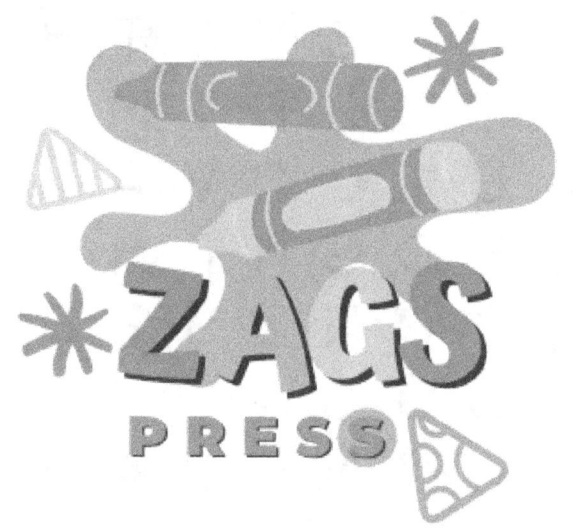

Finish the Image, then color

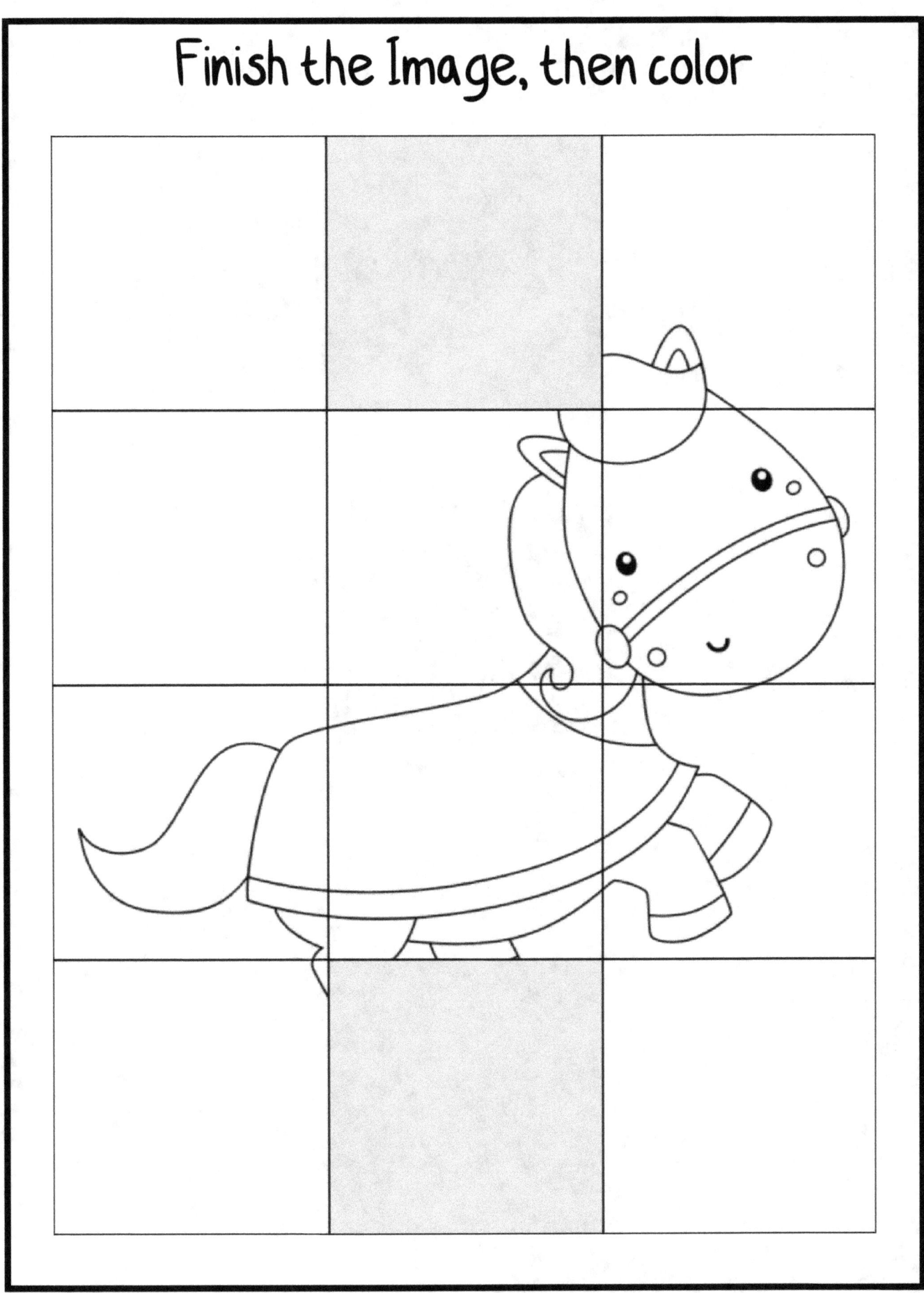

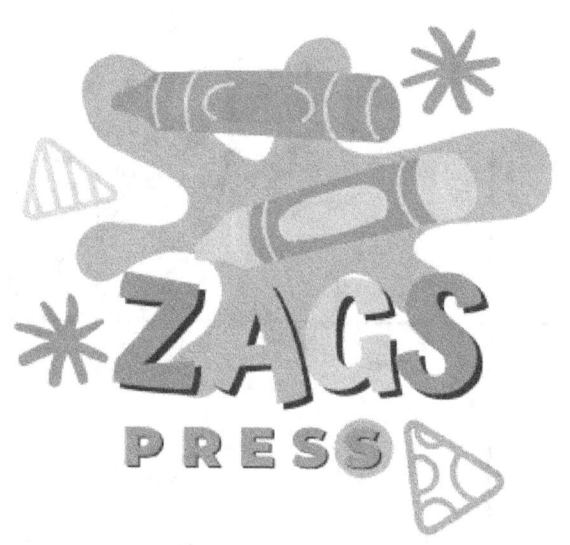

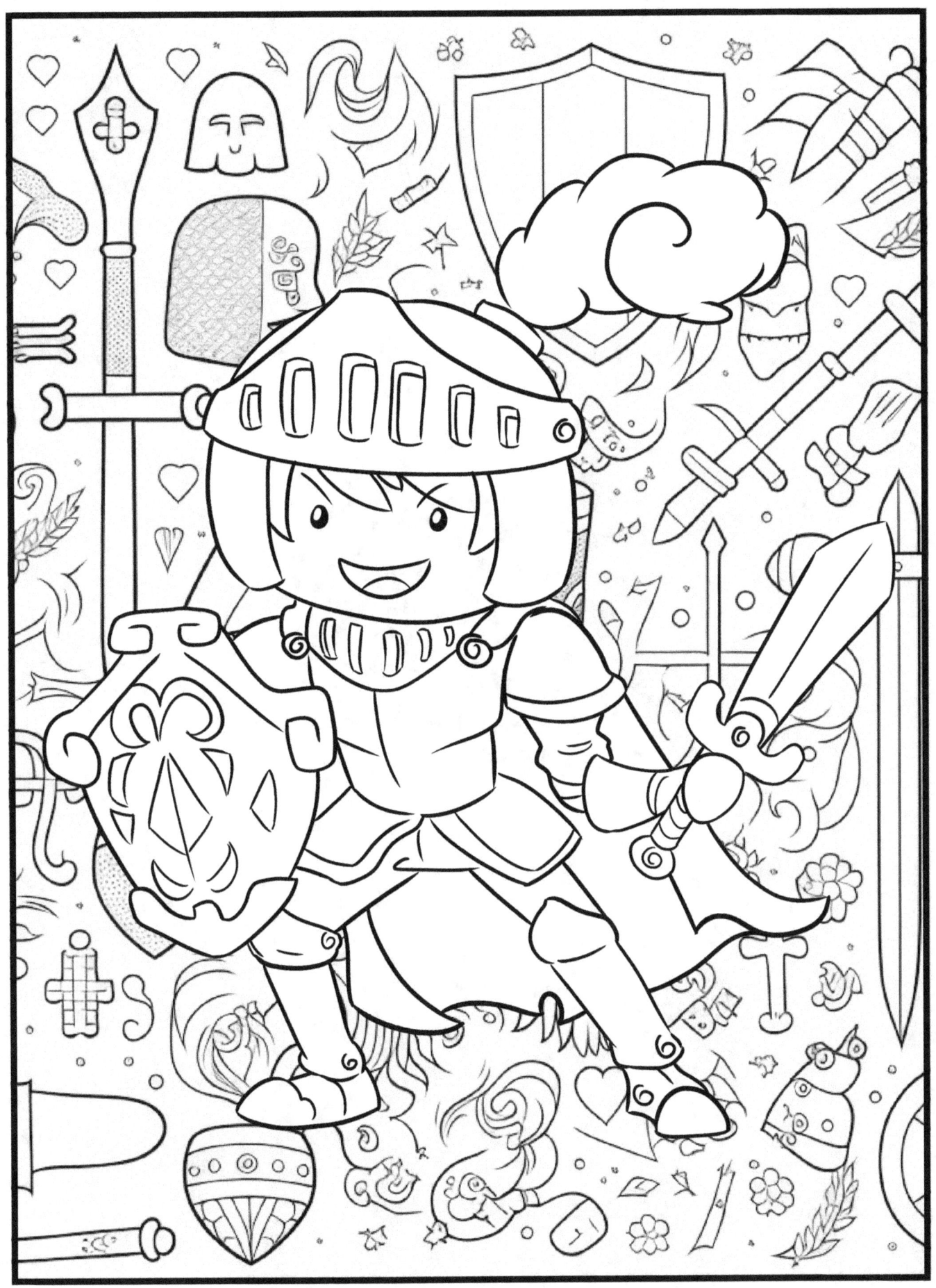

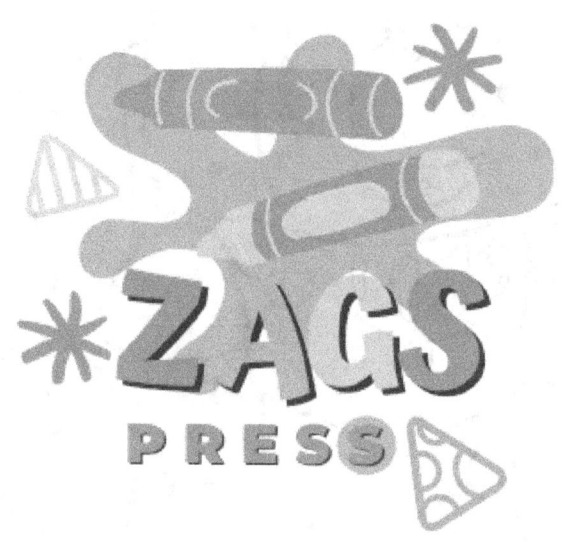

Which image is the odd one out?

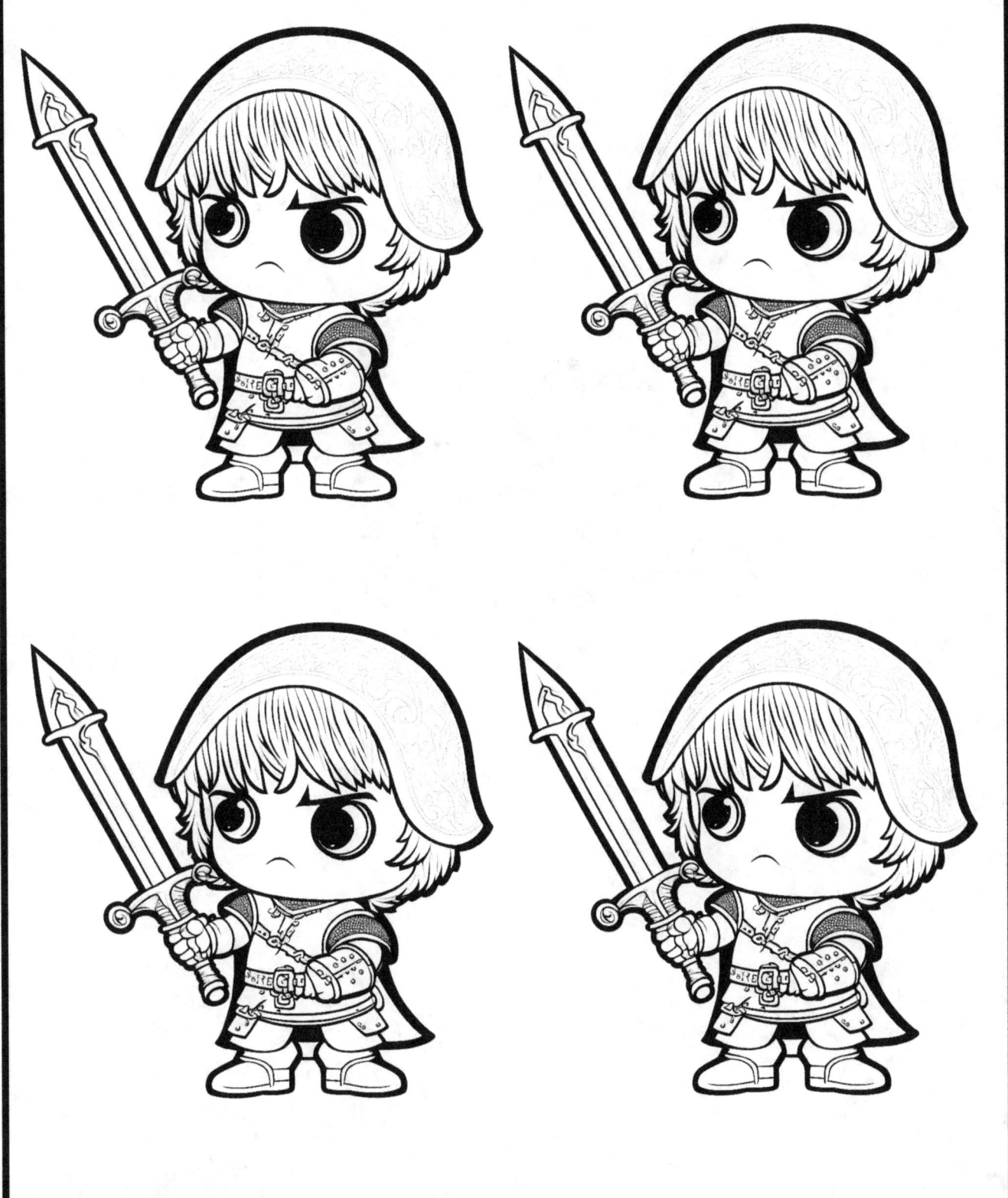

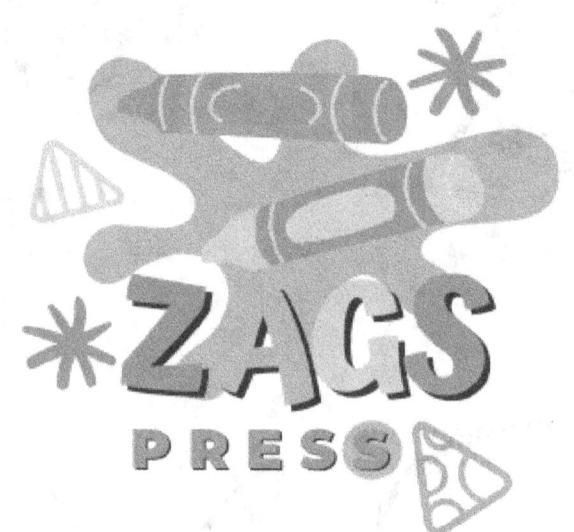

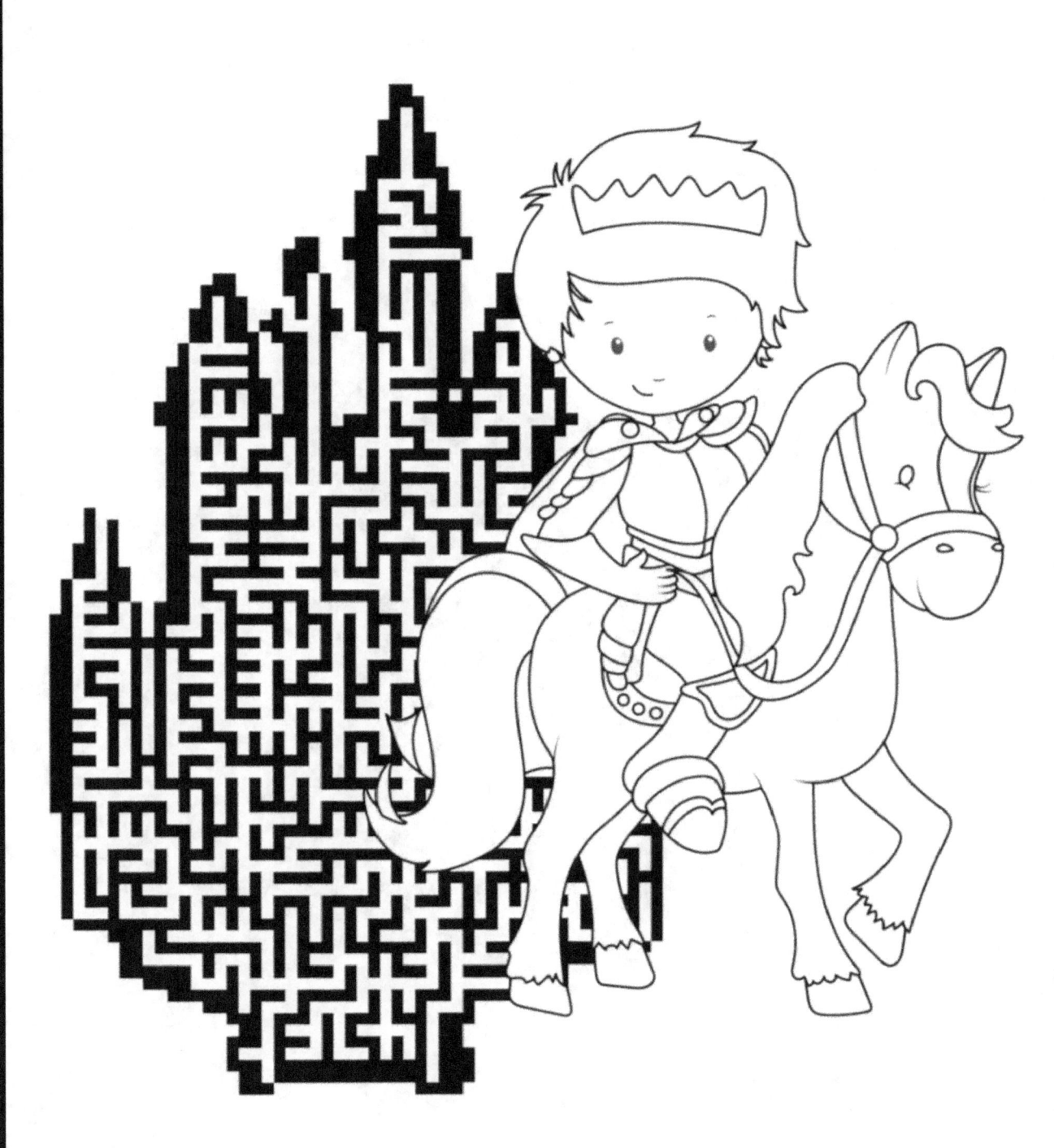

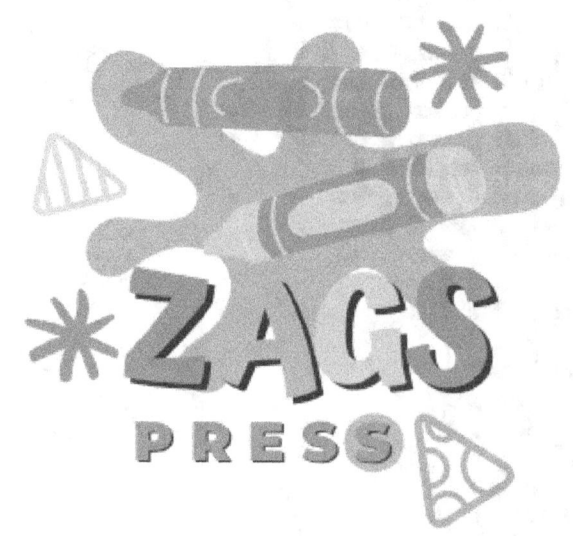

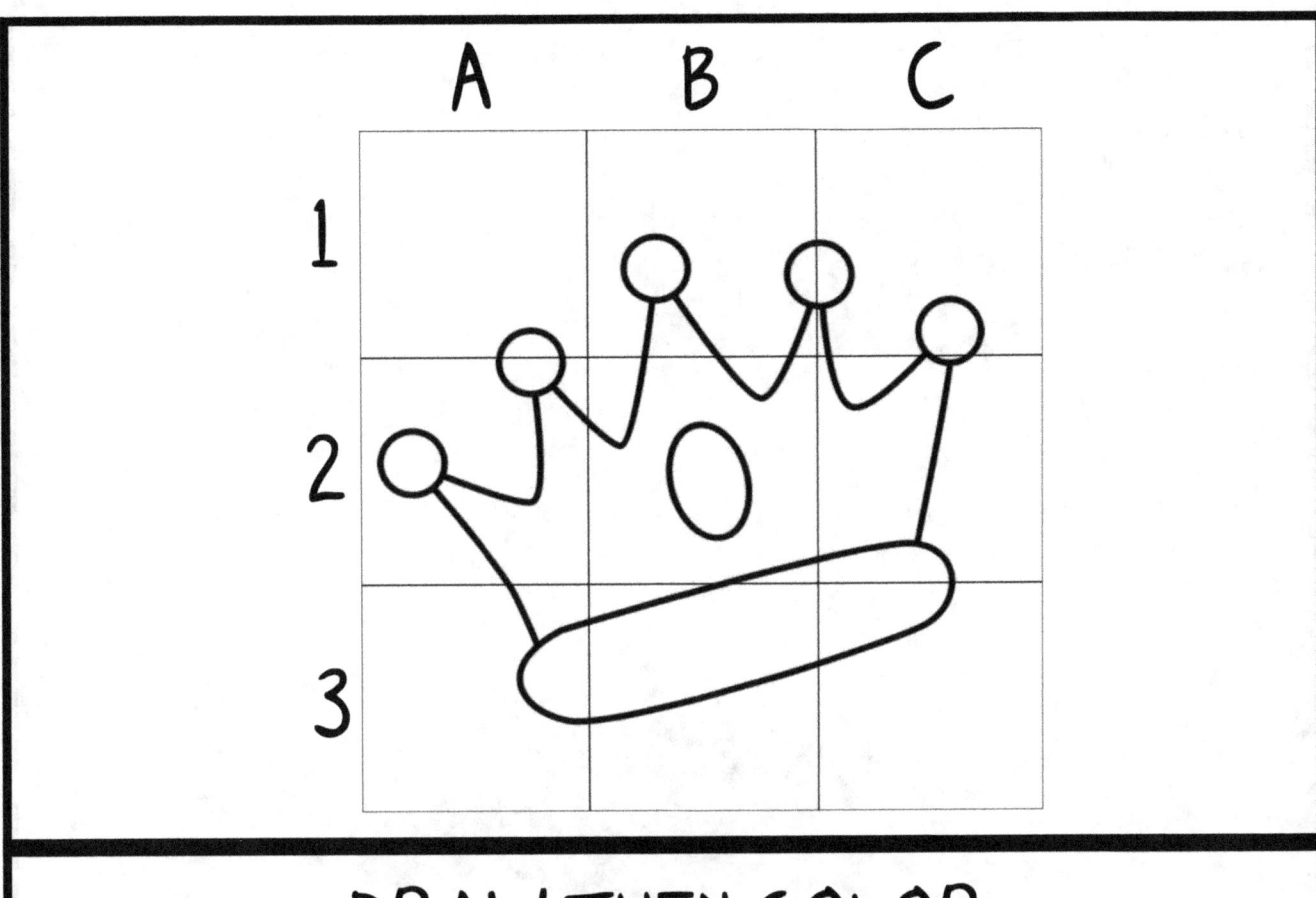

DRAW THEN COLOR

	A	B	C
1			
2			
3			

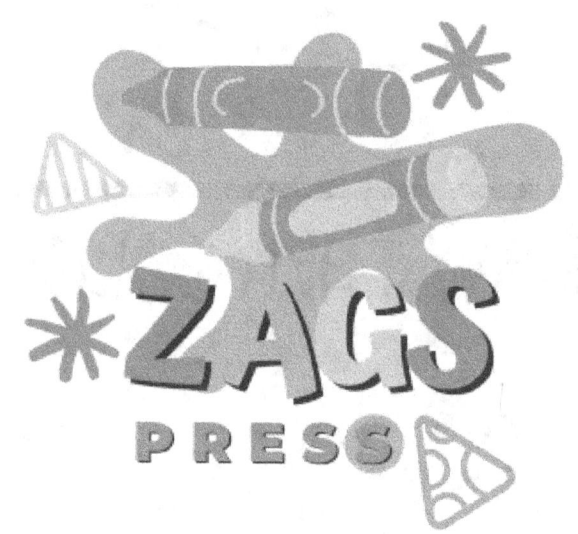

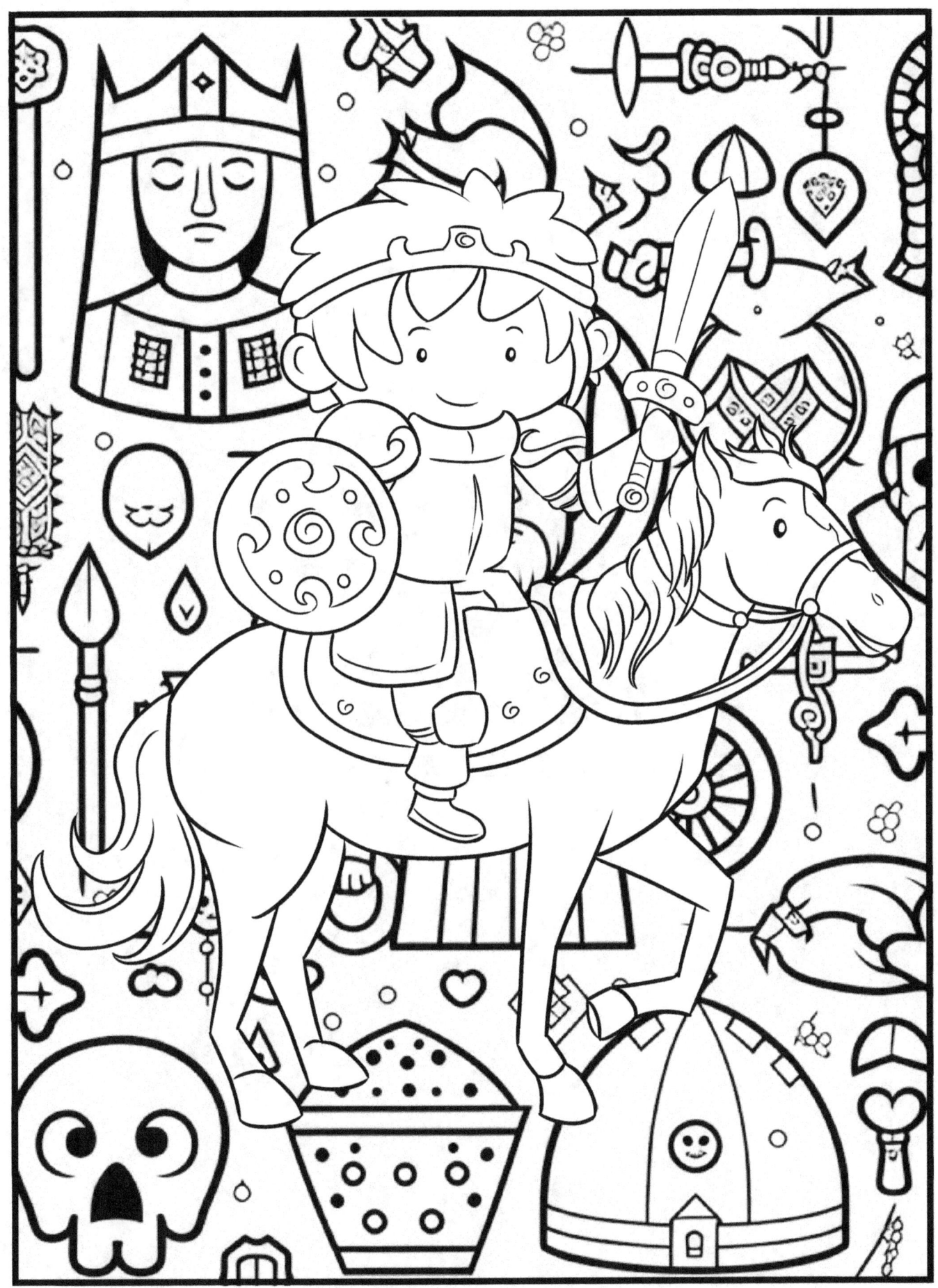

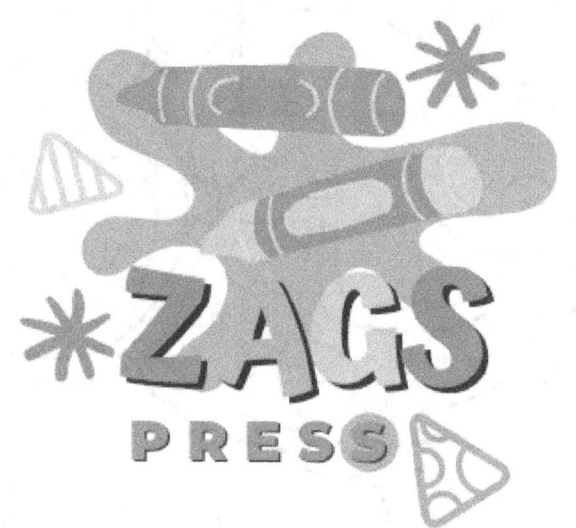

Subtraction Practice

1) 5 - ☐ = 4
2) 9 - ☐ = 1
3) 9 - ☐ = 5
4) 5 - ☐ = 2
5) 3 - ☐ = 1
6) 8 - ☐ = 6
7) 6 - ☐ = 3
8) 1 - ☐ = 0
9) 8 - ☐ = 3
10) 1 - ☐ = 0
11) 4 - ☐ = 0
12) 8 - ☐ = 7
13) 5 - ☐ = 2
14) 7 - ☐ = 3
15) 8 - ☐ = 7
16) 8 - ☐ = 4
17) 7 - ☐ = 0
18) 6 - ☐ = 2
19) 8 - ☐ = 1
20) 8 - ☐ = 5
21) 3 - ☐ = 1
22) 8 - ☐ = 6
23) 7 - ☐ = 3
24) 8 - ☐ = 3
25) 5 - ☐ = 4
26) 8 - ☐ = 4
27) 5 - ☐ = 4
28) 6 - ☐ = 0
29) 4 - ☐ = 3
30) 4 - ☐ = 1
31) 7 - ☐ = 1
32) 4 - ☐ = 2
33) 8 - ☐ = 0
34) 9 - ☐ = 4
35) 3 - ☐ = 0
36) 2 - ☐ = 0
37) 6 - ☐ = 0
38) 6 - ☐ = 1
39) 8 - ☐ = 7
40) 7 - ☐ = 4
41) 8 - ☐ = 5
42) 4 - ☐ = 1
43) 7 - ☐ = 5
44) 8 - ☐ = 0
45) 7 - ☐ = 4
46) 6 - ☐ = 4
47) 8 - ☐ = 2
48) 3 - ☐ = 2

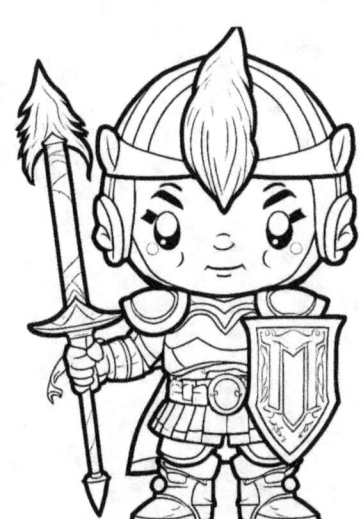

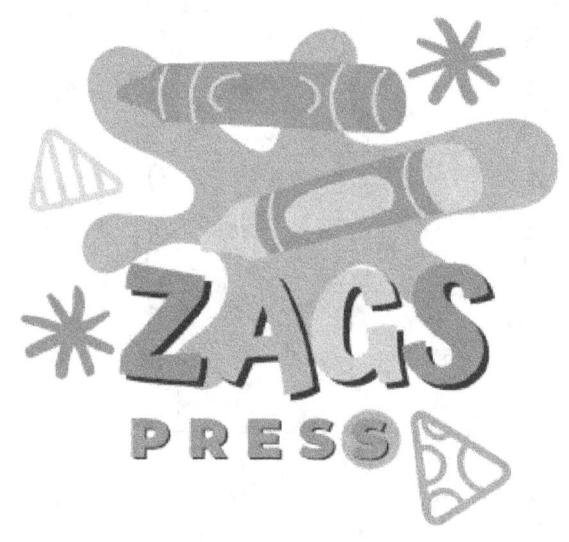

ISPY

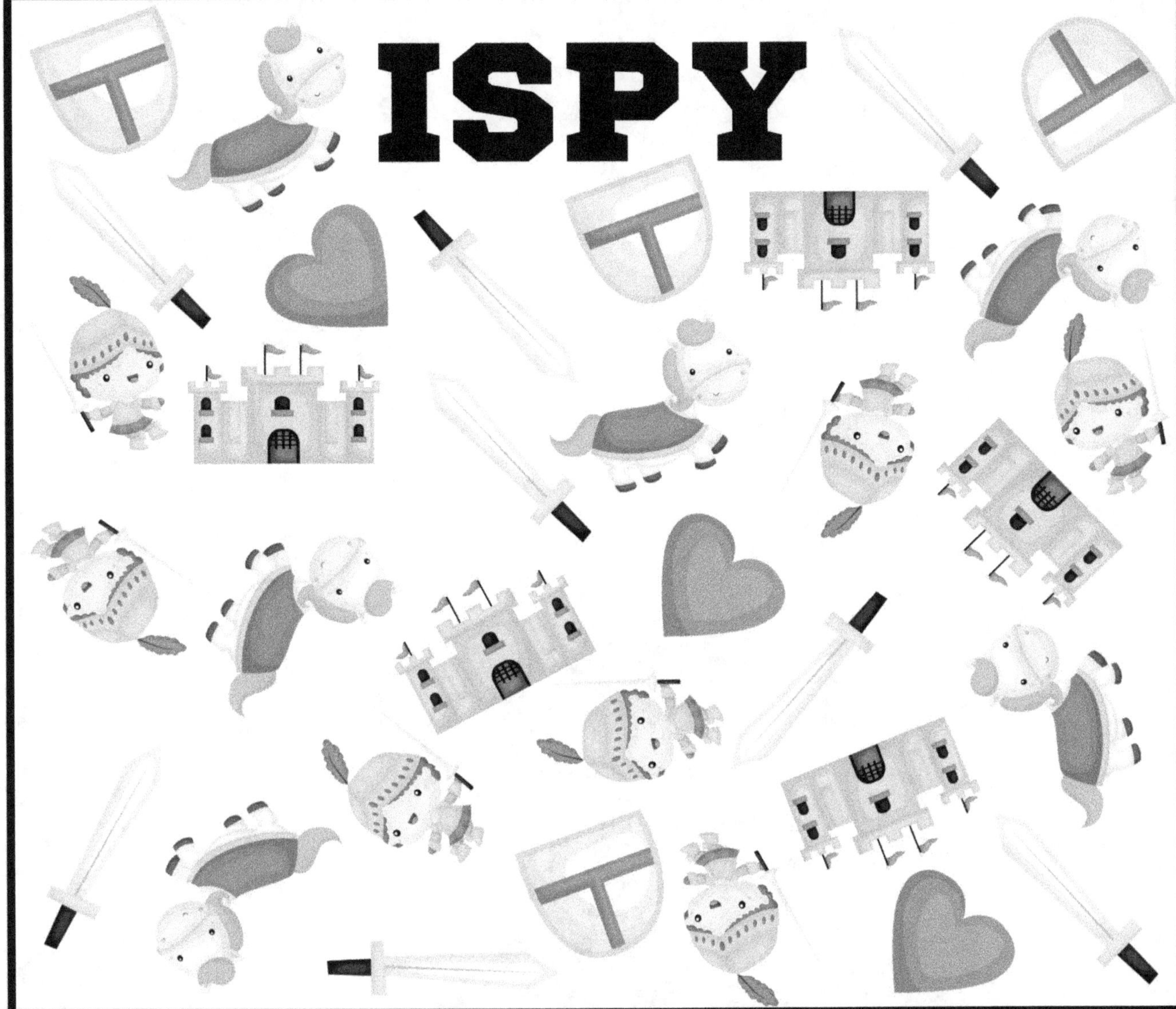

How many do you see?

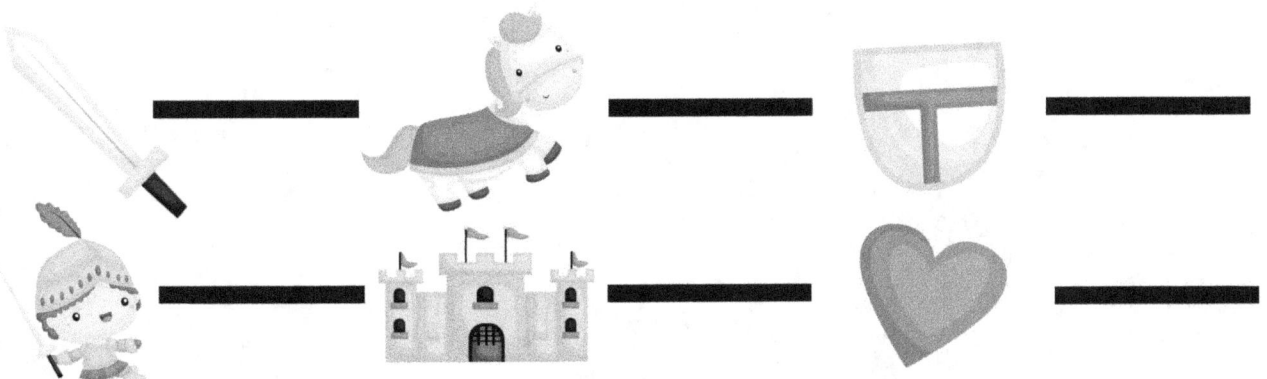

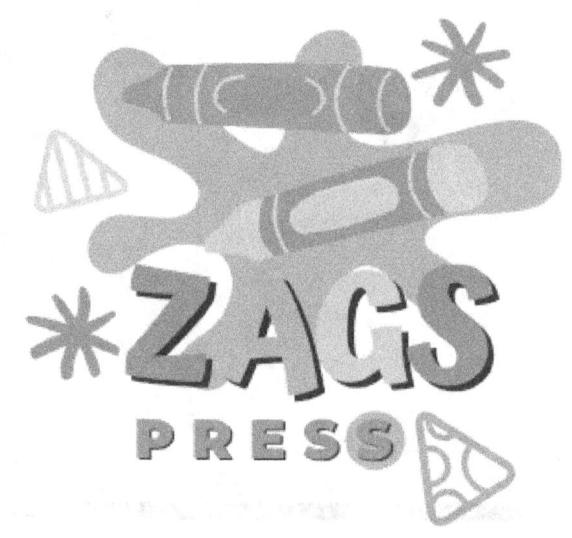

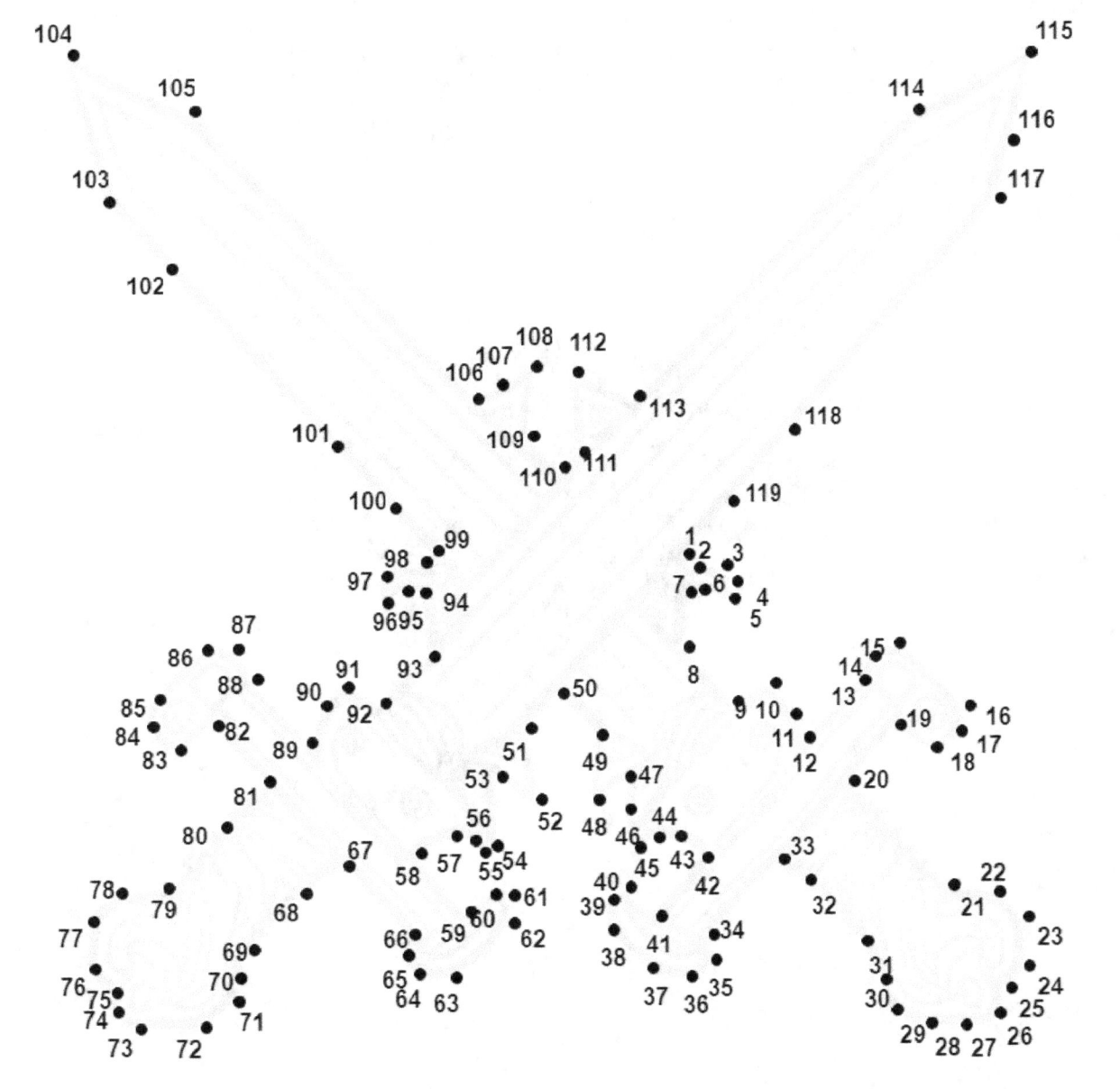

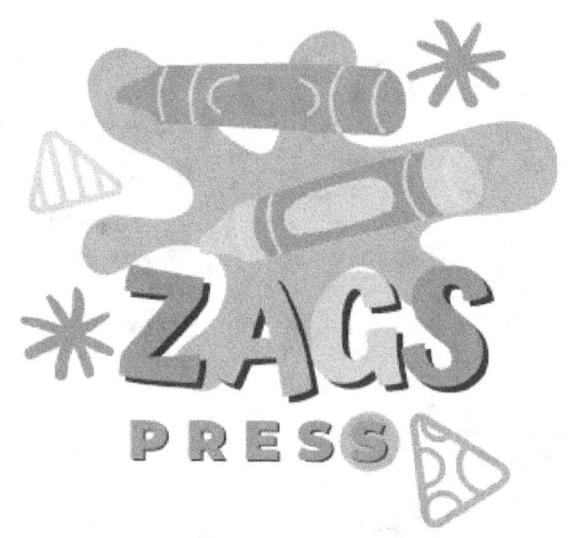

```
D M Q H A F W R G Y W W A R E L
X M T P F J X J Q P Y C T D H P
W B P L K U A C J T P V F P I J
M K J D Z F R F P H L F A O S Z
E X I T K R D O P L O O P I T W
U Q W C R B A A V I I R K Z O U
Q M R W L I C I Z G M Z S B R E
I F G X H U D U U T U J I E I P
T L A C I H T Y M R C X S P C I
N G E I R F K N N Y X C E V P C
A S C B Q M X Y J L H Q D D H X
W Q D R O D W O K Y T S A R C R
K R O N V U E X T M W Q S O G E
D J U K N Q L V N Q V S U Q F P
D E W J T U S U G N K U R M I E
Q Y O D M H W A M D F T C Q T D
```

MYTHICAL
CRUSADE
HISTORIC
HORSE
EPIC
ANTIQUE
WAR

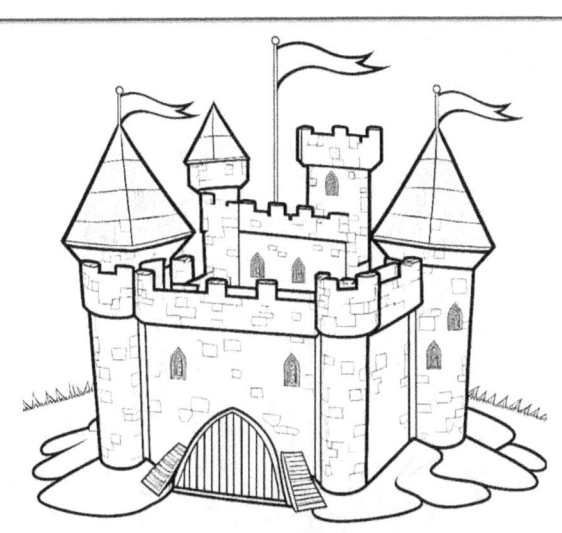

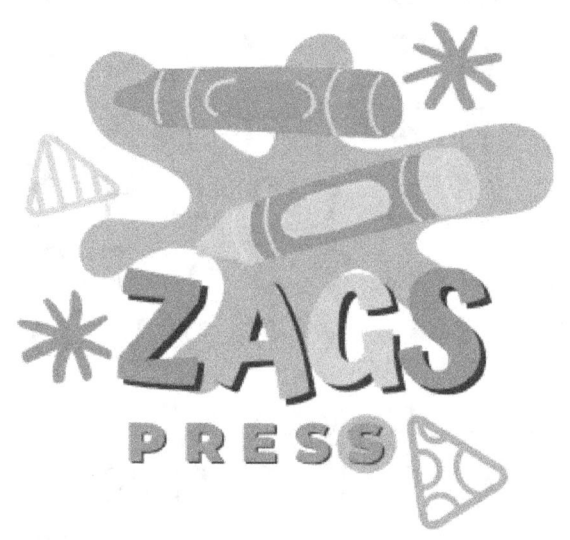

Cut and paste the words, then color the image

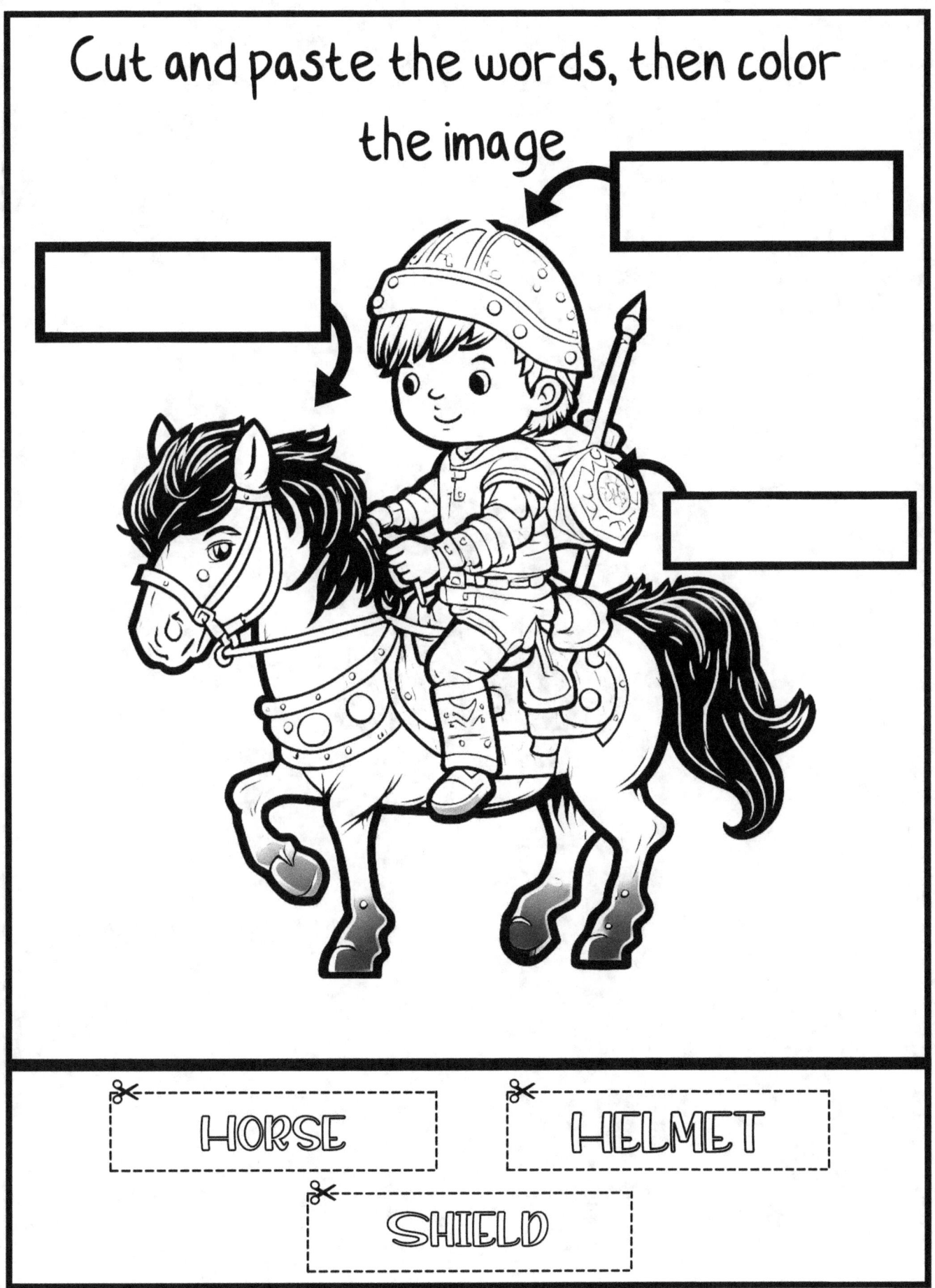

HORSE   HELMET   SHIELD

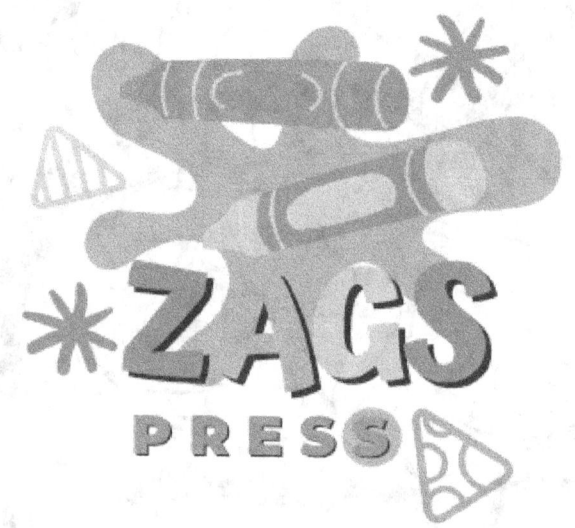

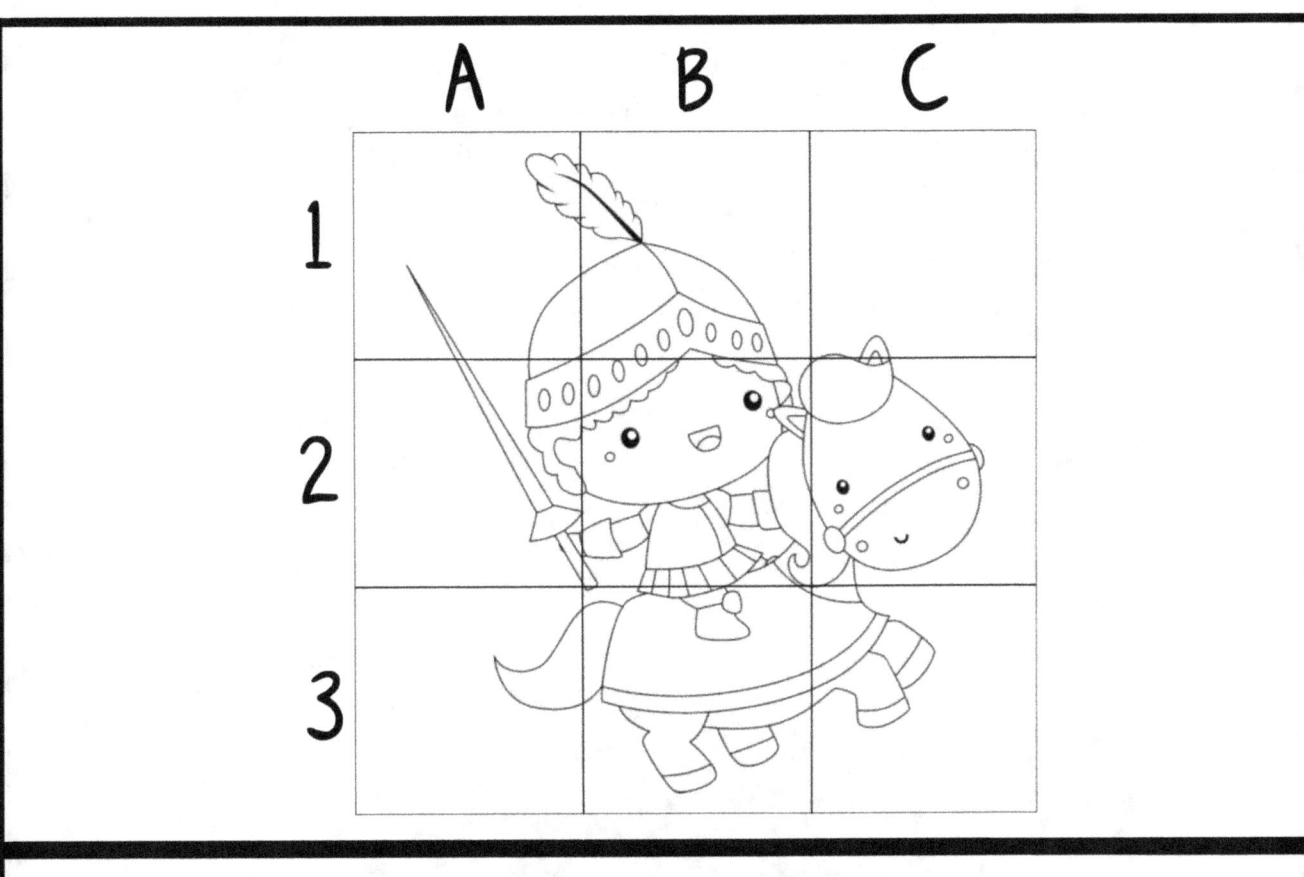

DRAW THEN COLOR

	A	B	C
1			
2			
3			

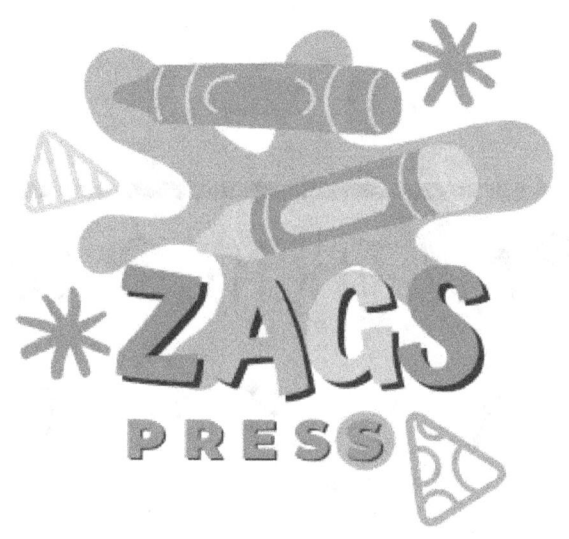

ISPY

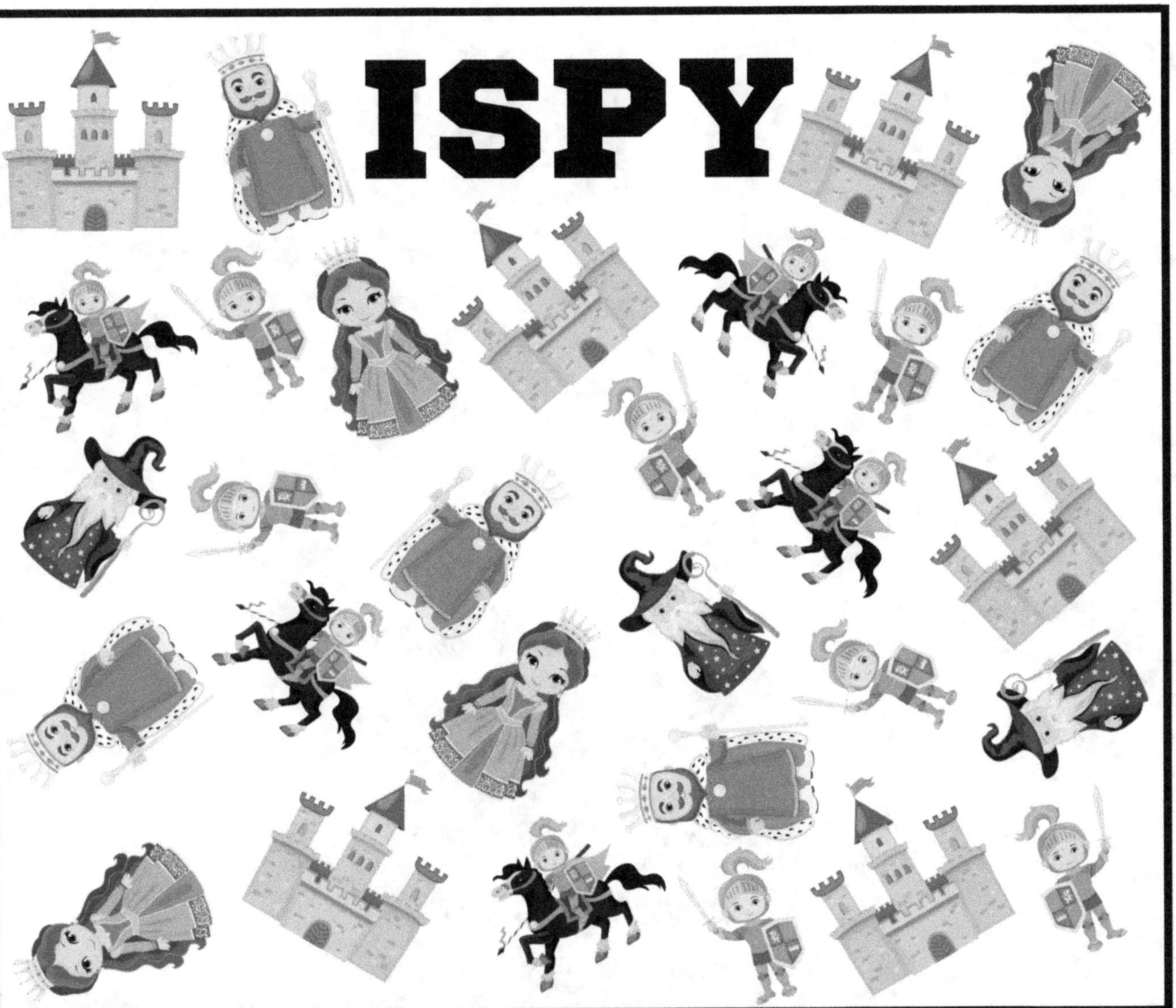

How many do you see?

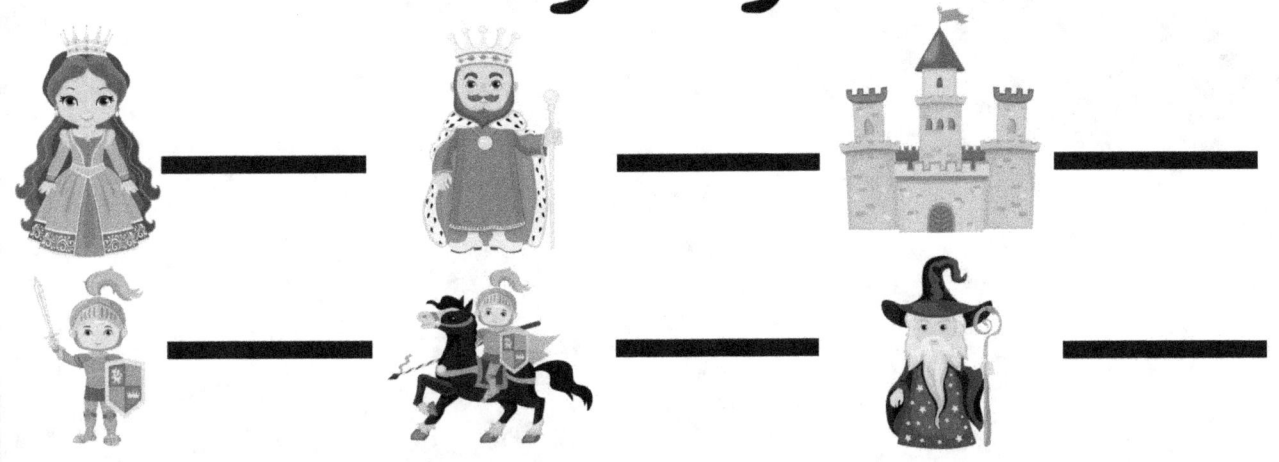

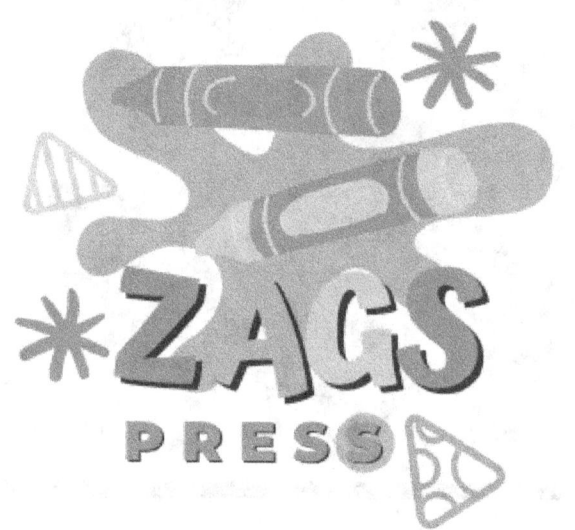

Cut and paste the words, then color the image

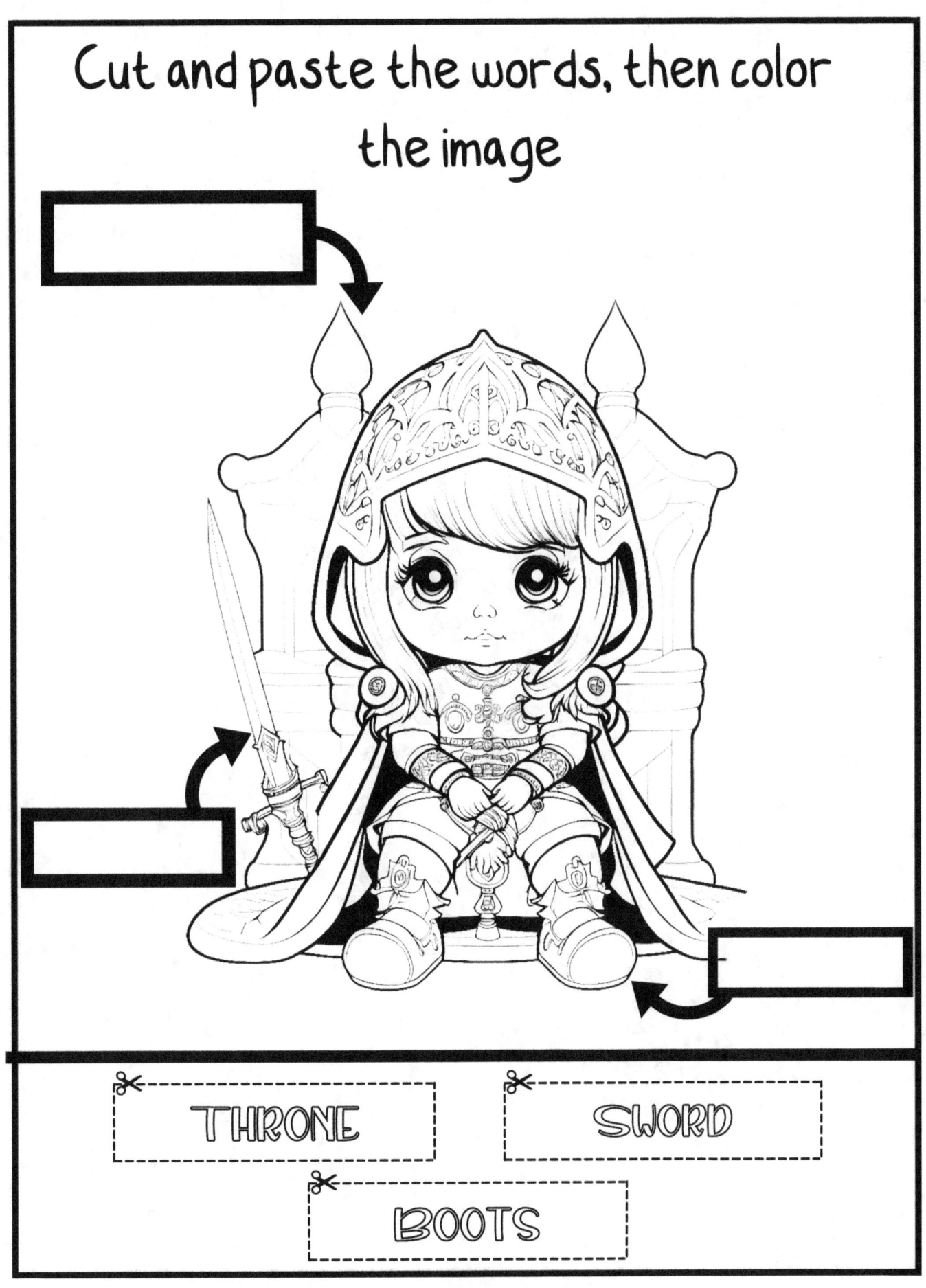

THRONE SWORD BOOTS

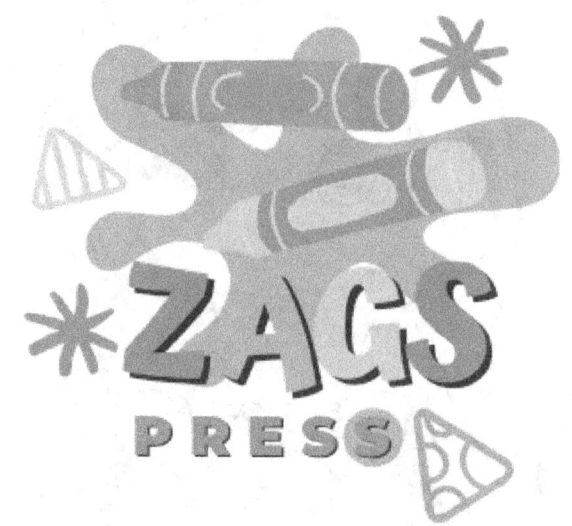

Which image is the odd one out?

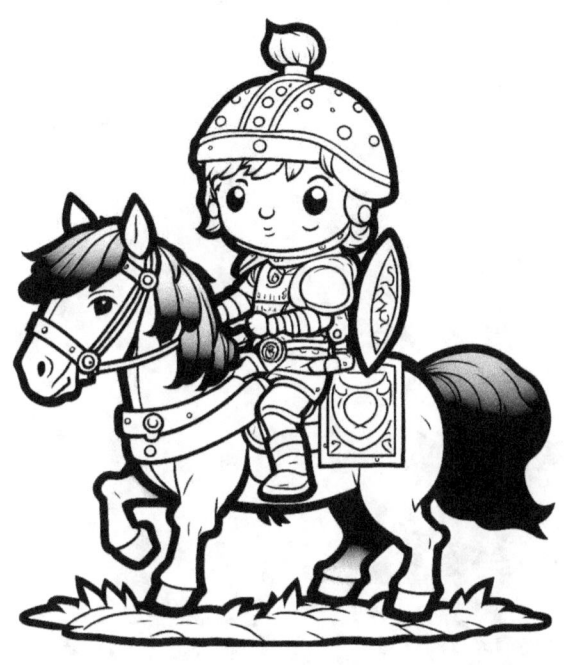
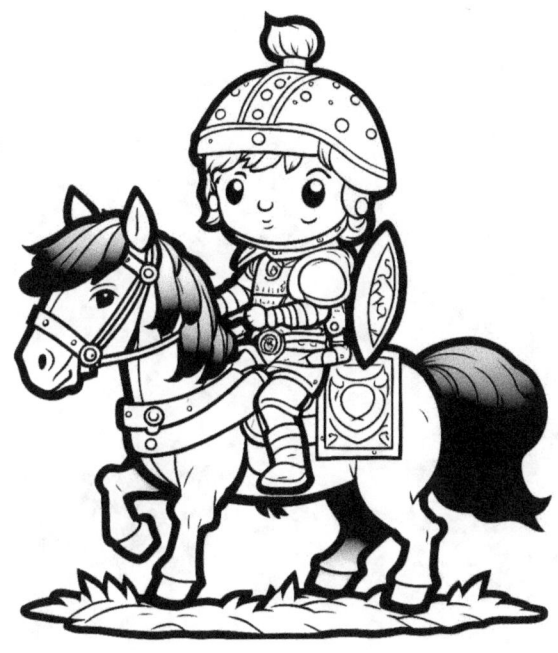
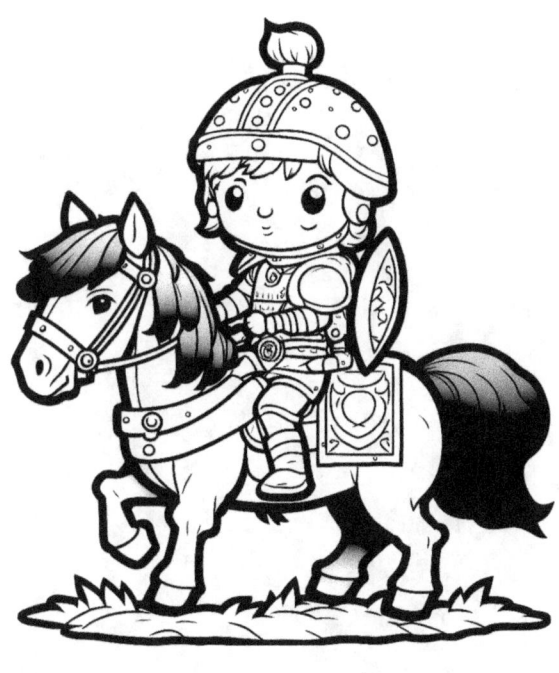
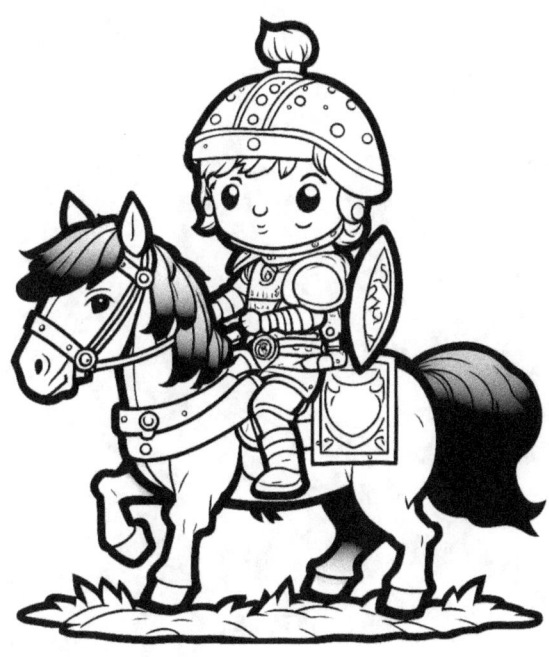

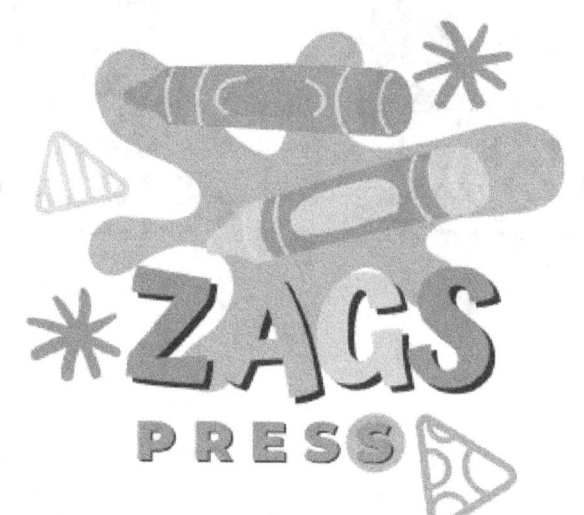

```
Z B W K C B K G B Q U Q Y R D U
G P Z T A J U E I F E B D J B K
S U M S R D R M Y D K S Z G O N
D I T R Z Y J H T J E W H N Y D
C A S T L E S F L Y D S L T H Y
F X B D J L M N N G O K G D X F
F D N L L K O R O C O H Q J X W
U F I I B Z A U U O A K N P Z K
C K K E D A H A E Z A B O V X H
T B P H I B E S S S N L G E T L
J G D S L A Y O R C O H A J T W
A V I E A Z Q U W I E A R V T H
Q P U G B H M C N L G N D B Z B
M F R N V Y A F D E N F L U D Z
M C A C M I T Z H R U K D L J Y
H T I M S K C A L B D E C N T D
```

ROYAL
DUNGEON
DRAGON
SHEILD
CASTLES
RELICS
BLACKSMITH

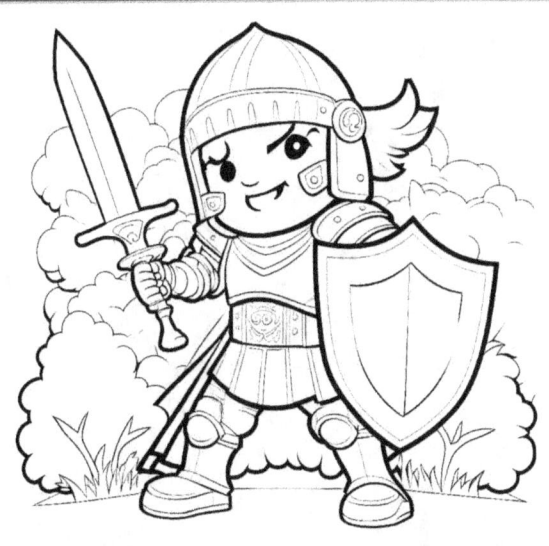

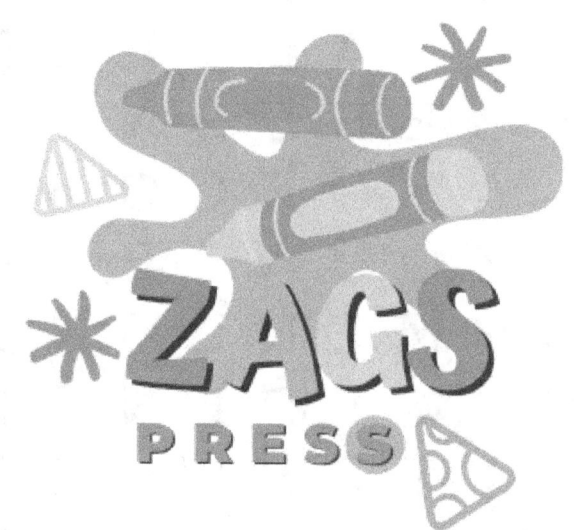

Cut and paste the words, then color the image

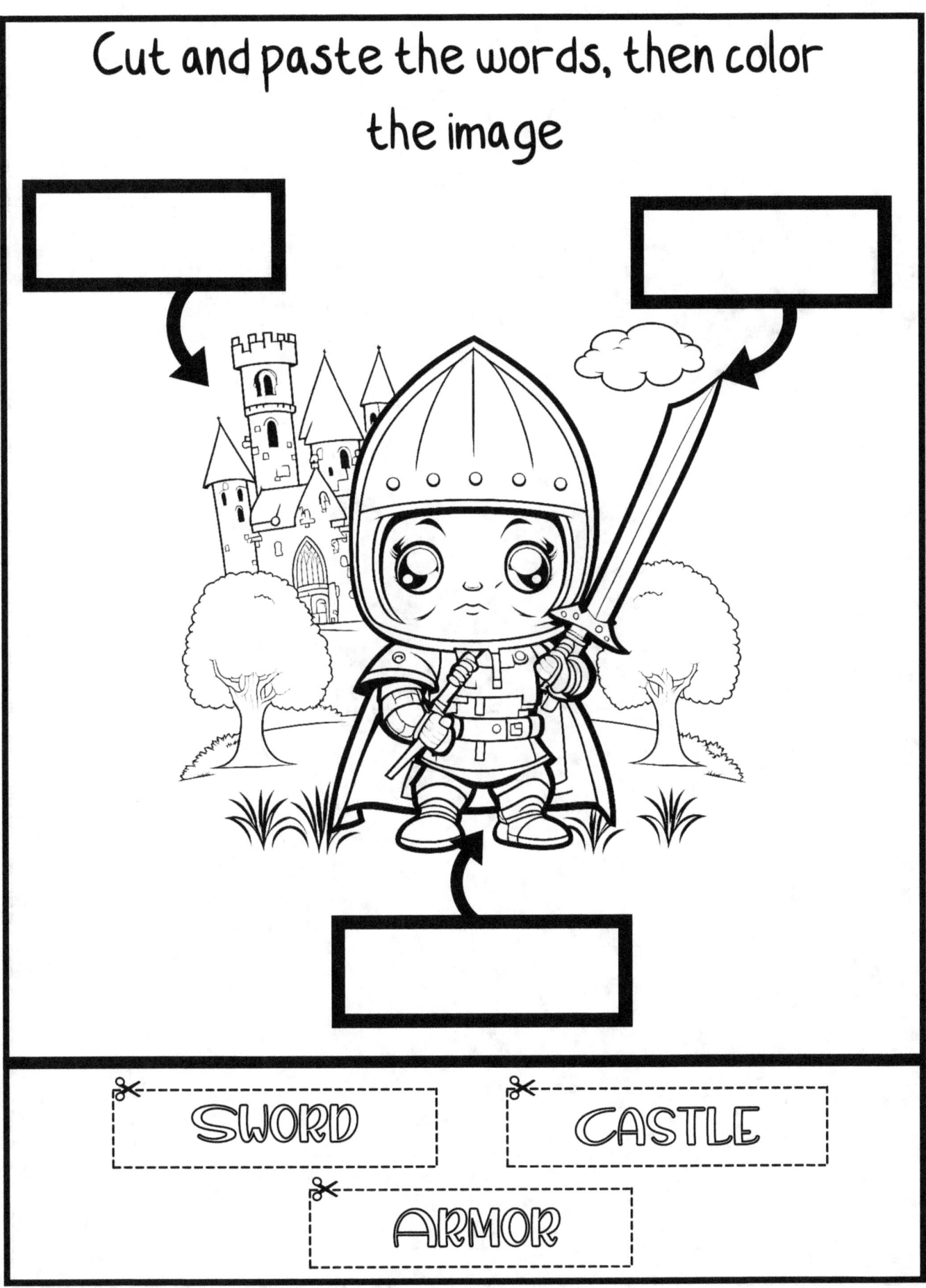

SWORD   CASTLE   ARMOR

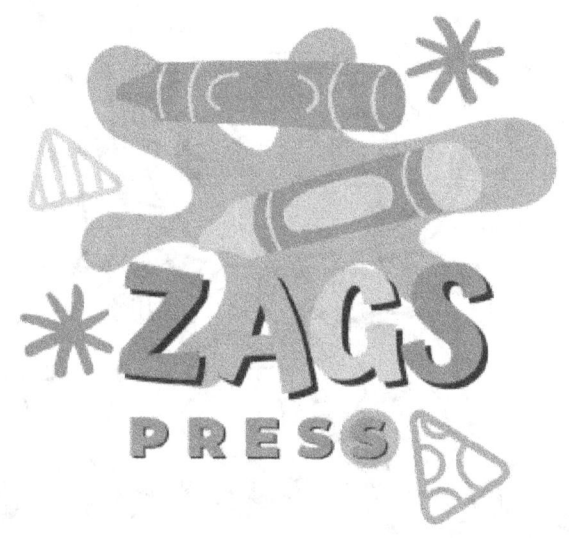

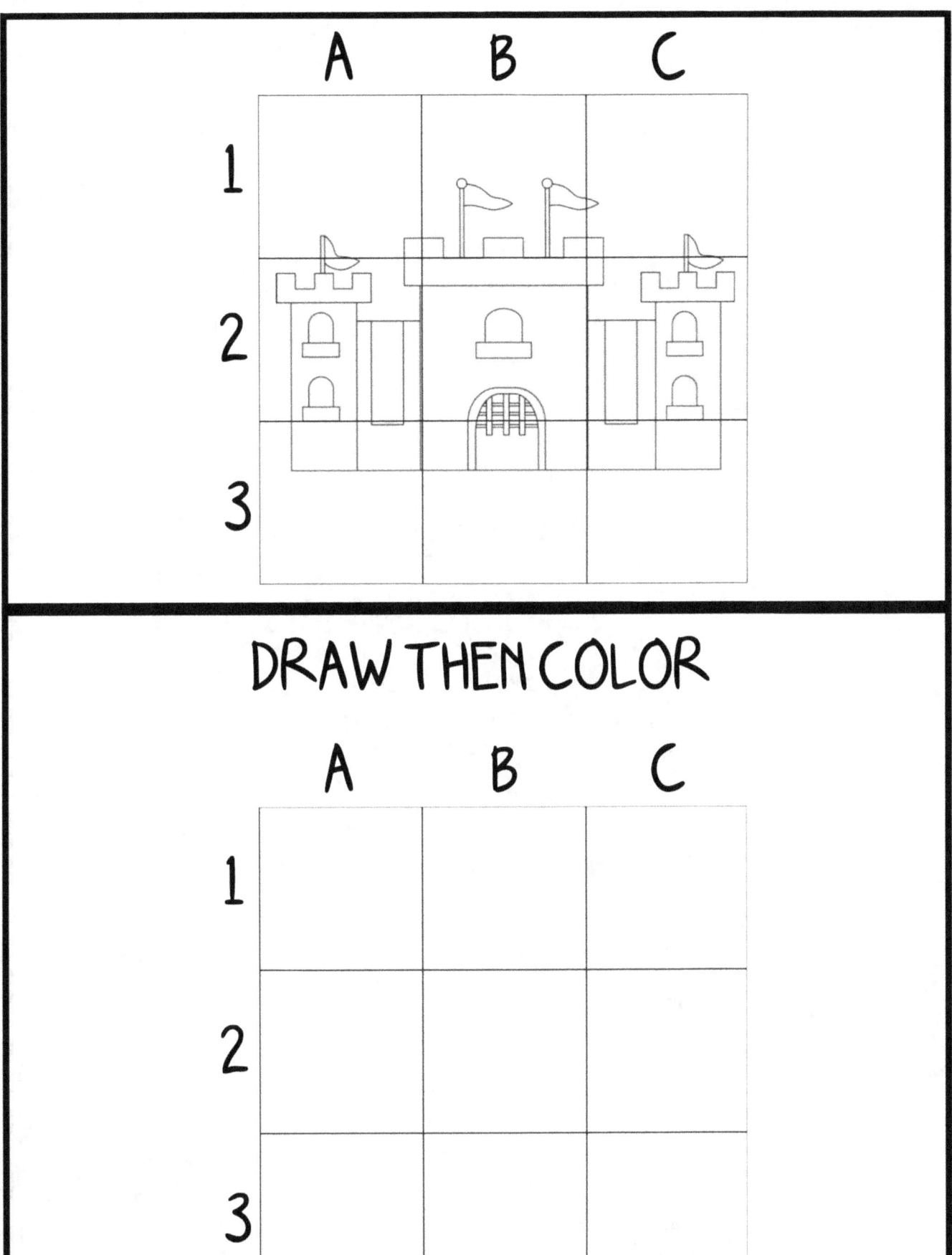

DRAW THEN COLOR

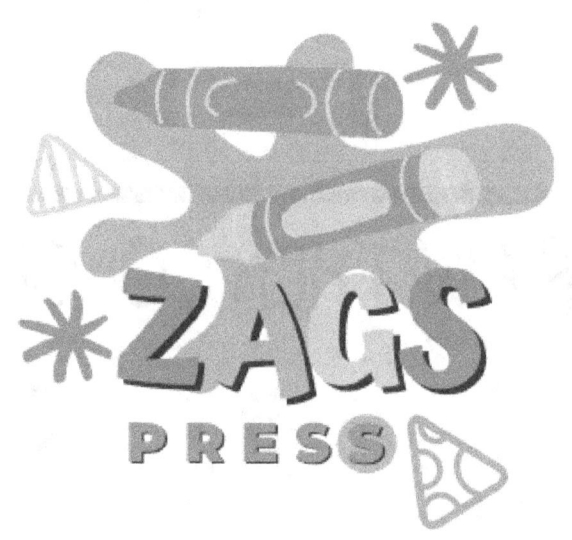

Finish the Image, then color

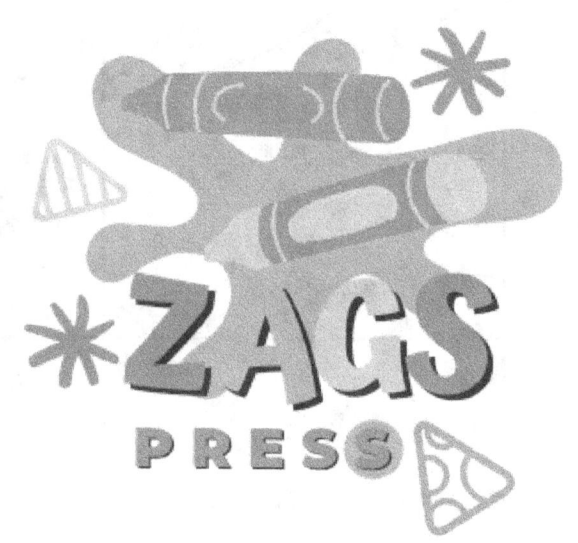

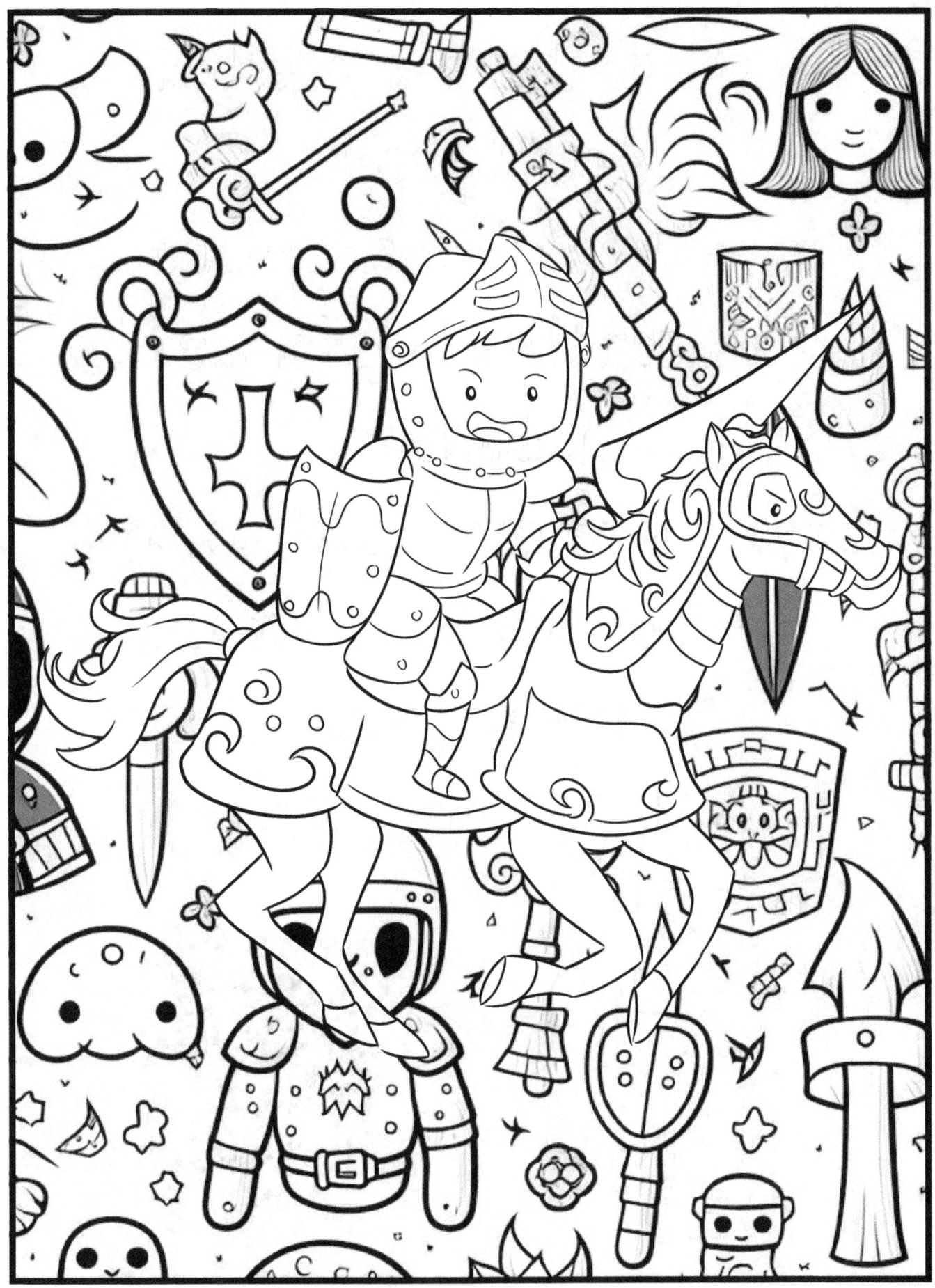

I hope you have enjoyed this Activity book.
i have a favor to ask you and it would mean the world for me as a publisher.
would you be kind enough to leave this book a review on amazon review page.

Thank you!

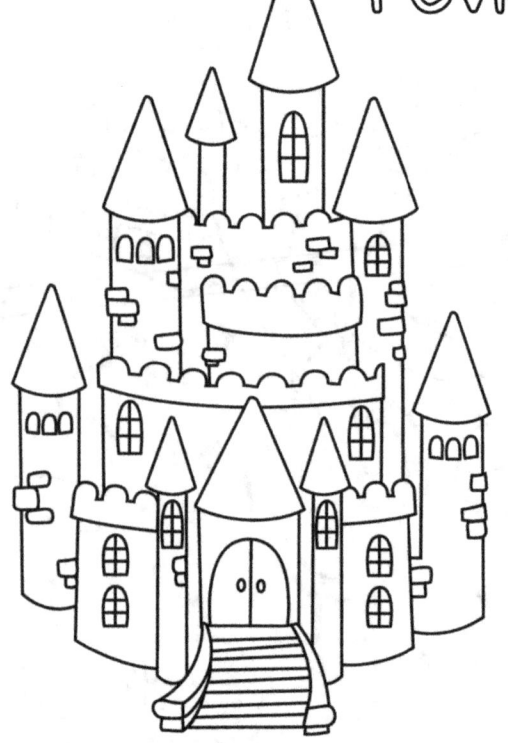

SCAN ME

MAZE Solutions

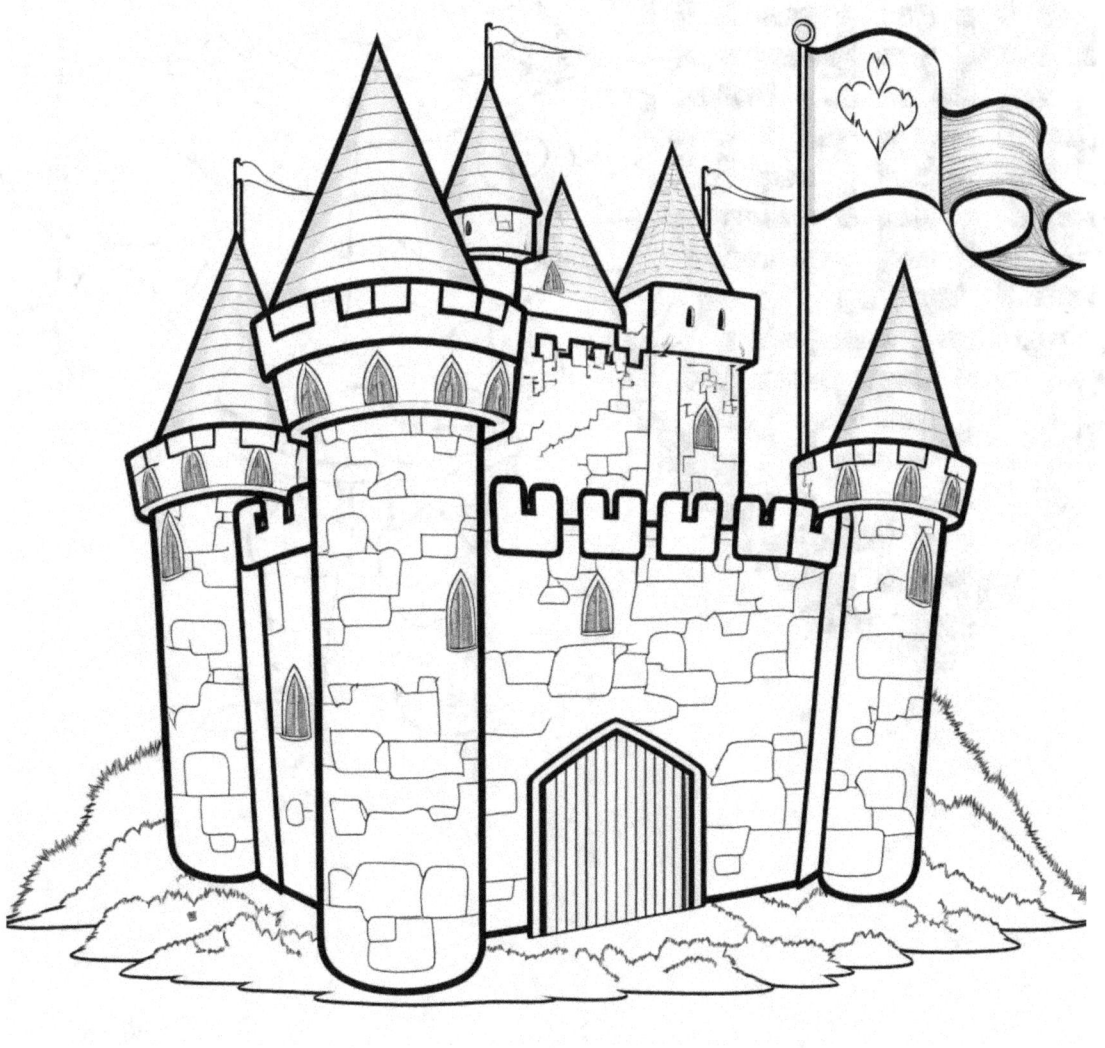

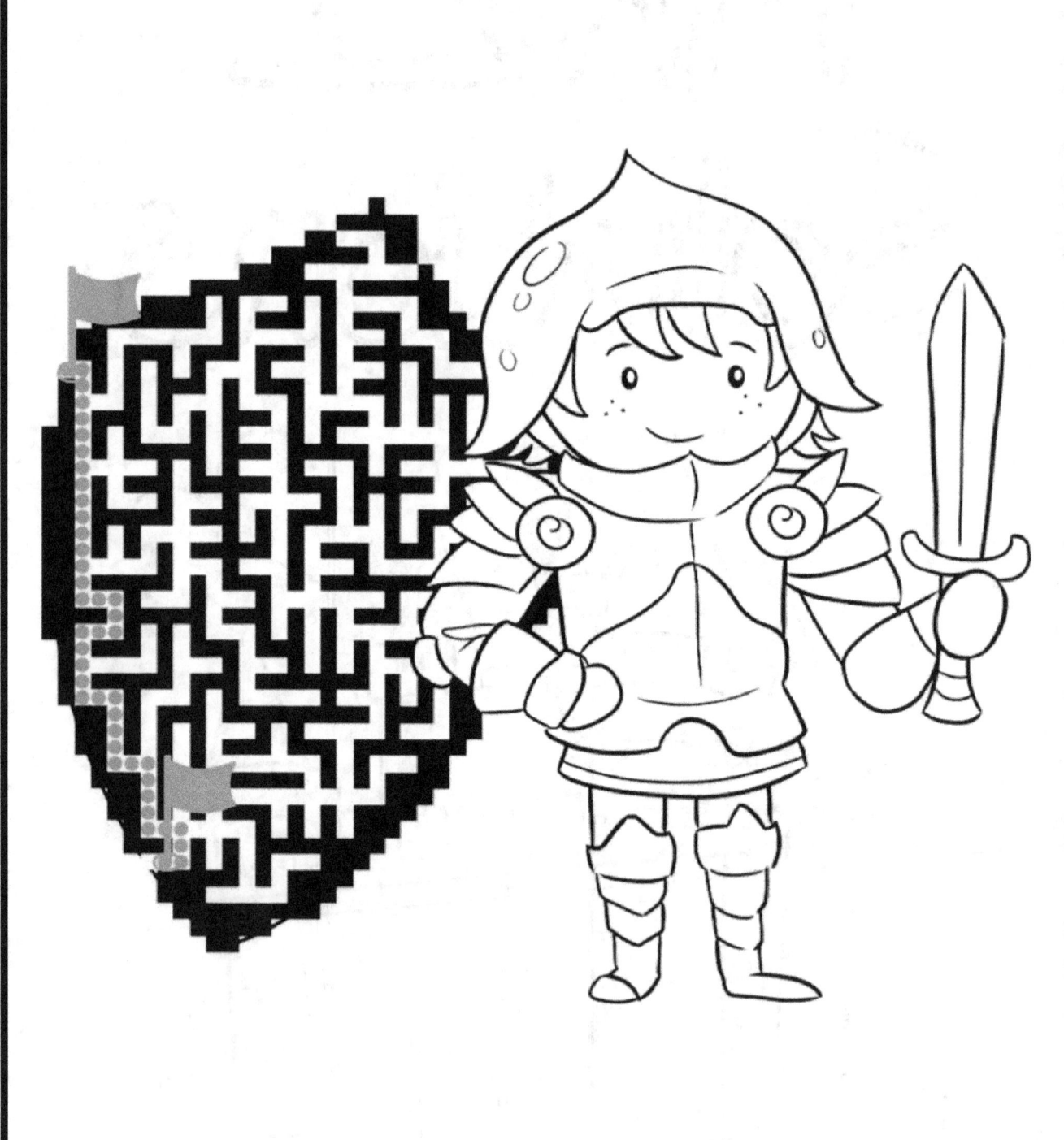

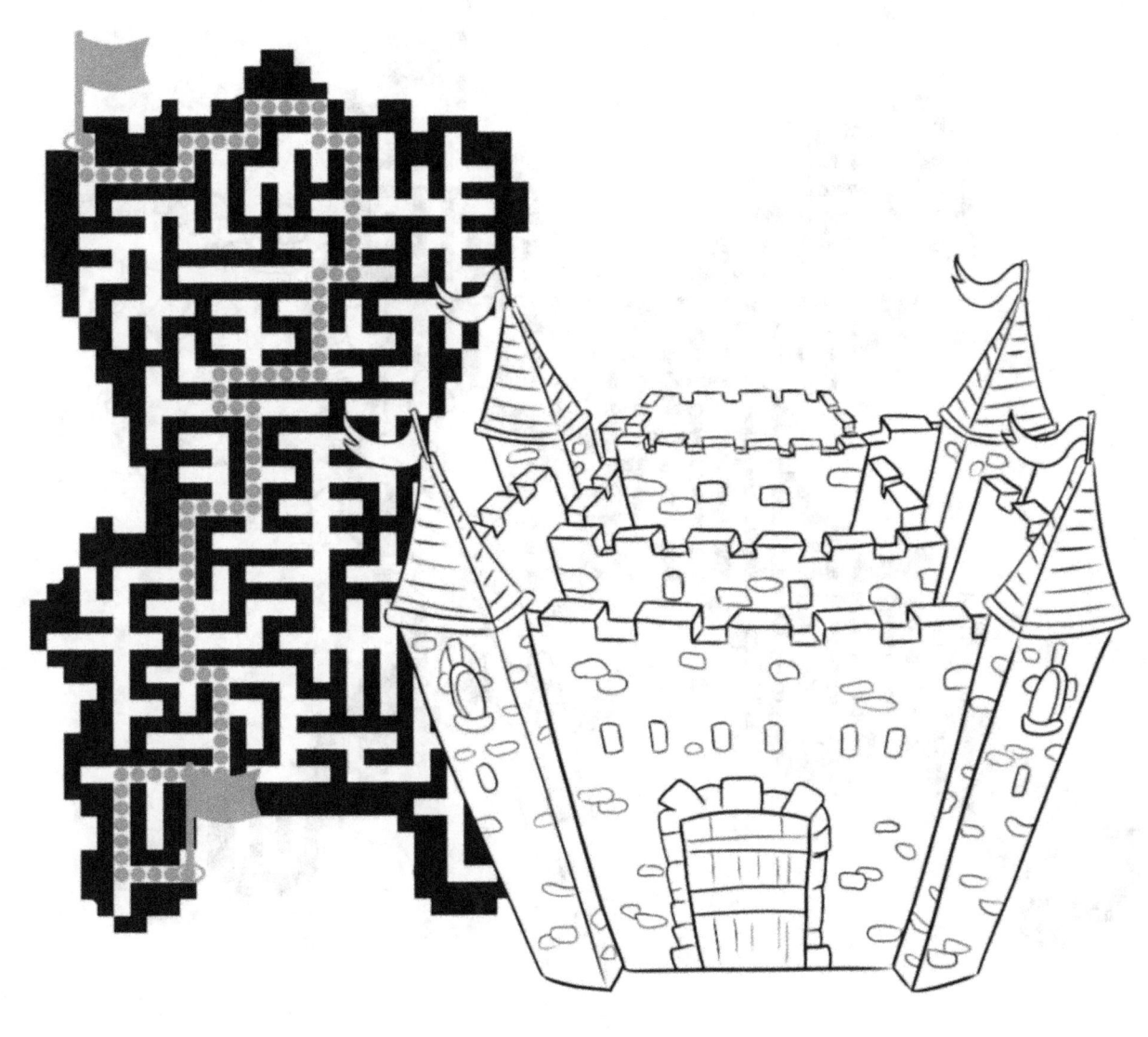

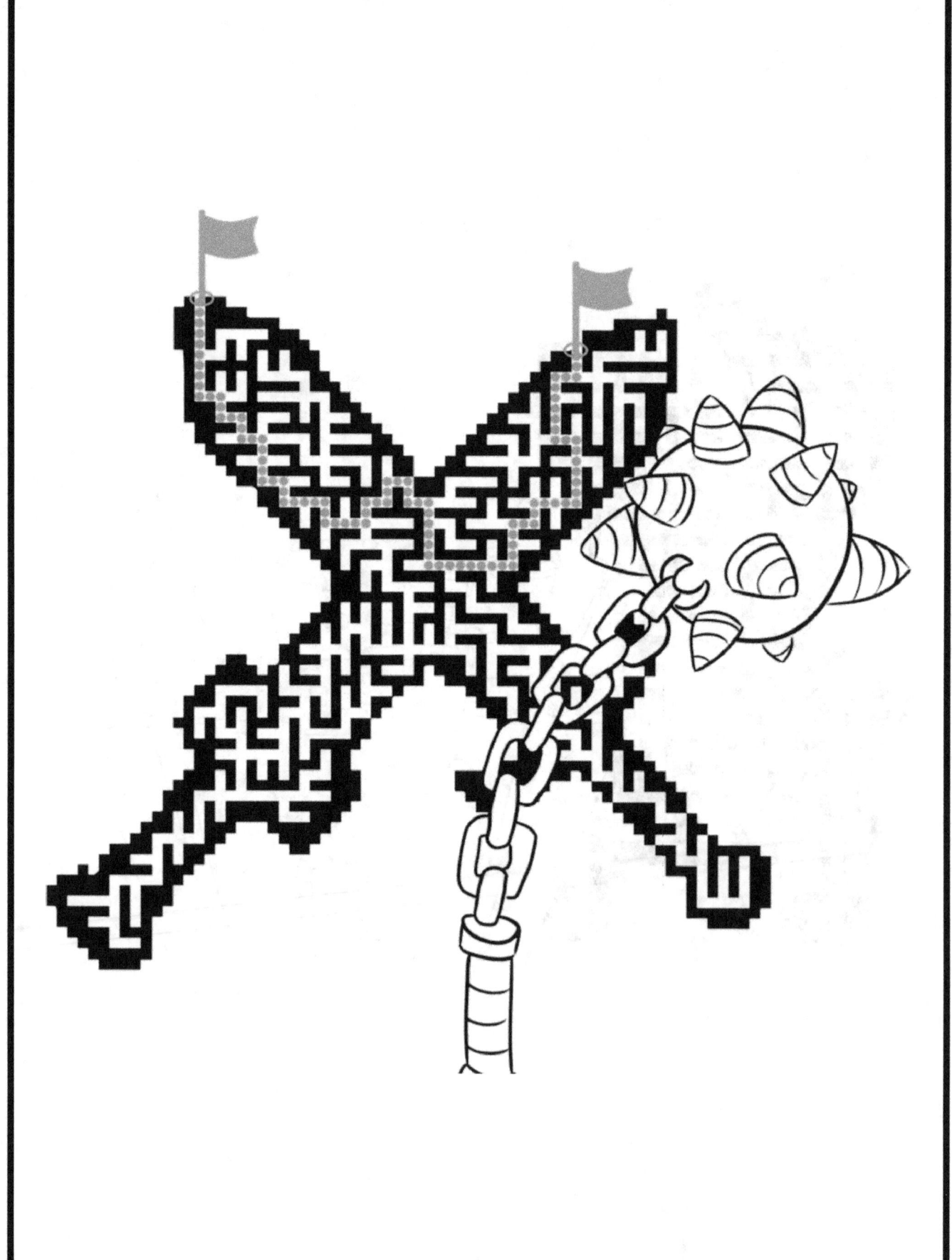

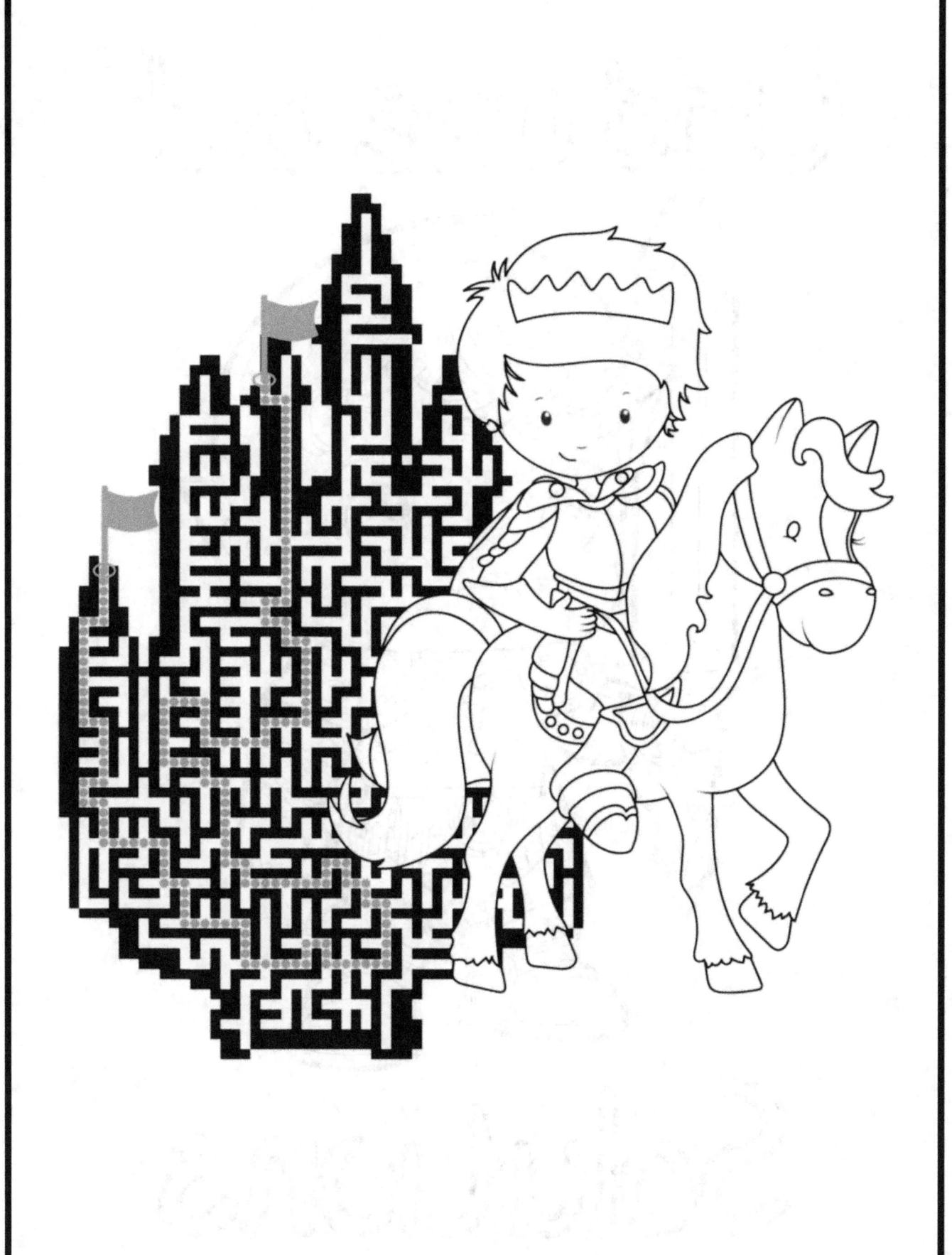

Odd one out

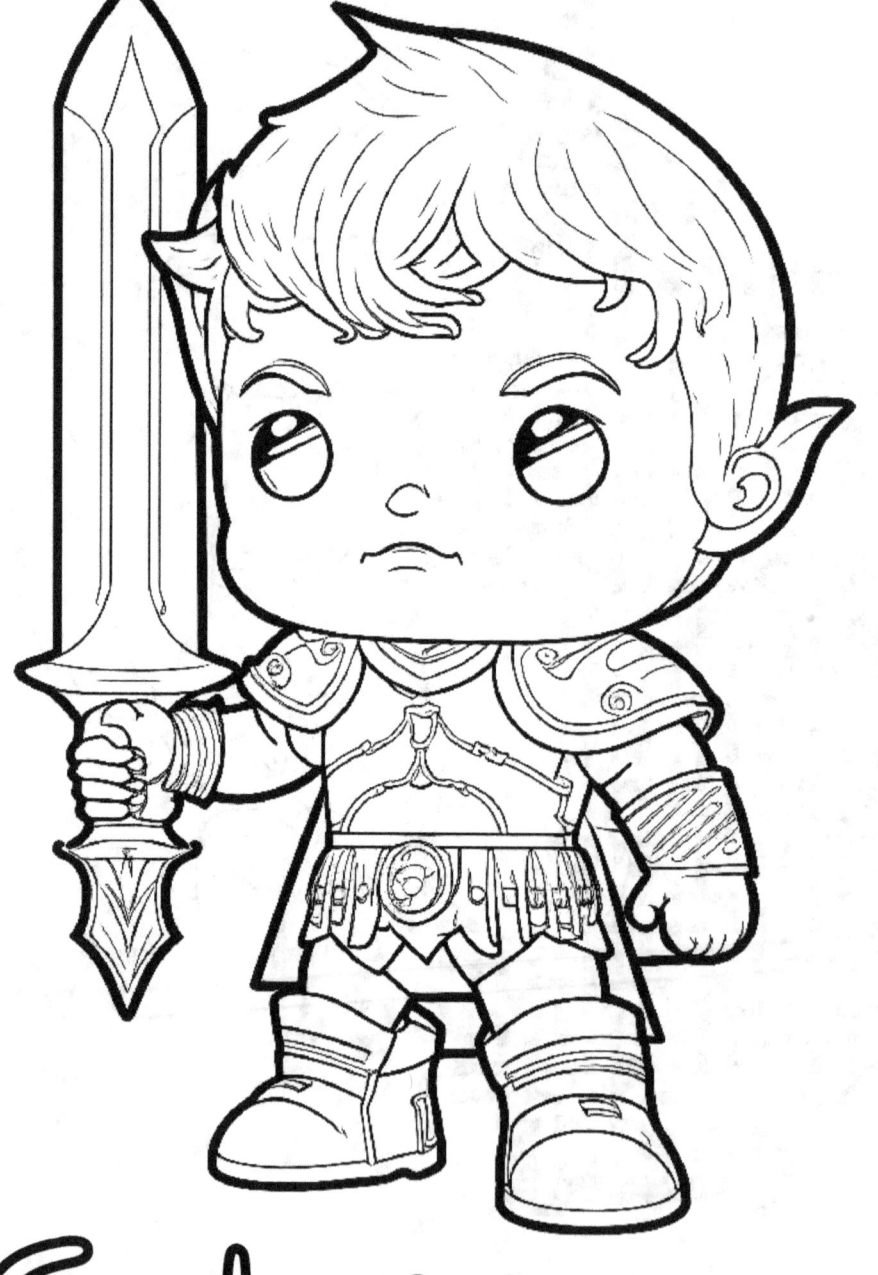

Solutions

Which image is the odd one out?

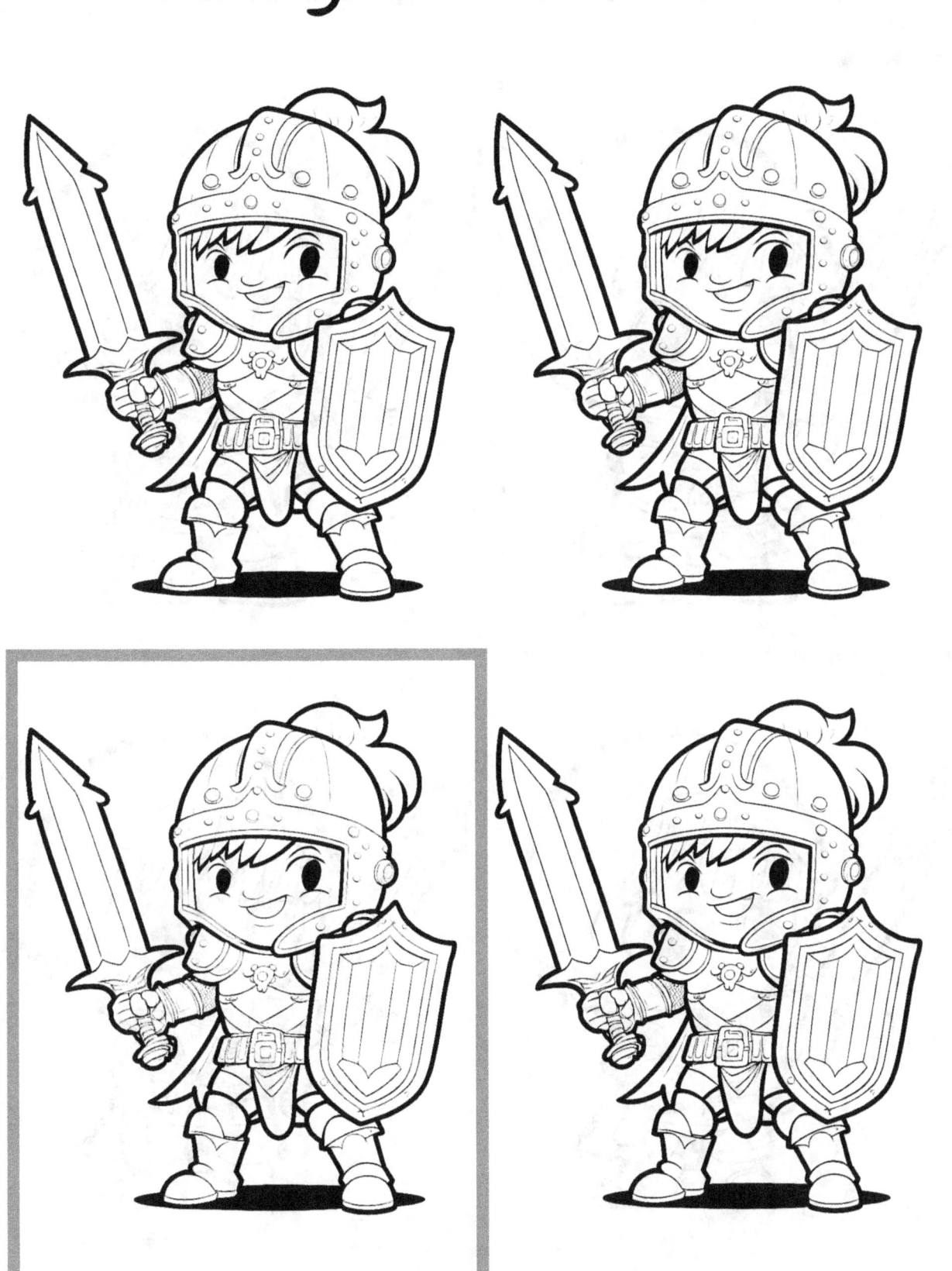

Which image is the odd one out?

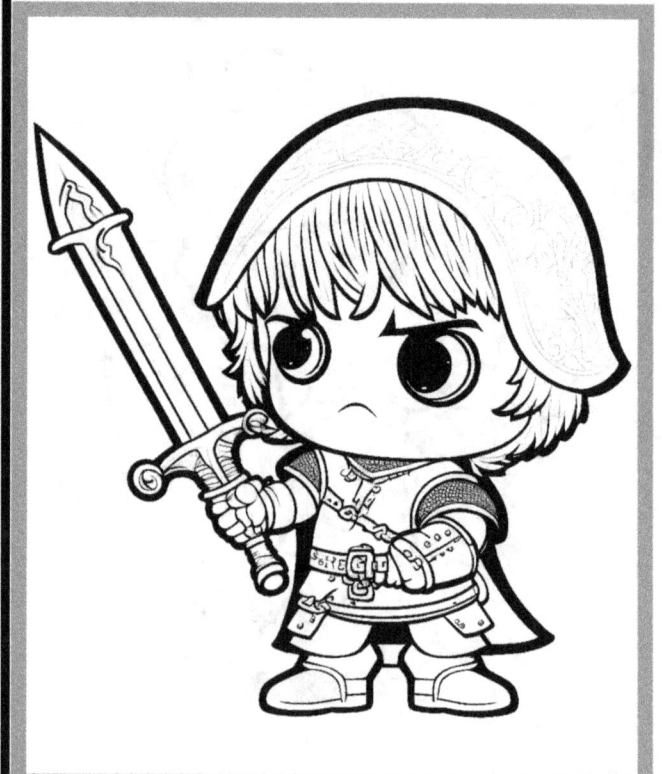
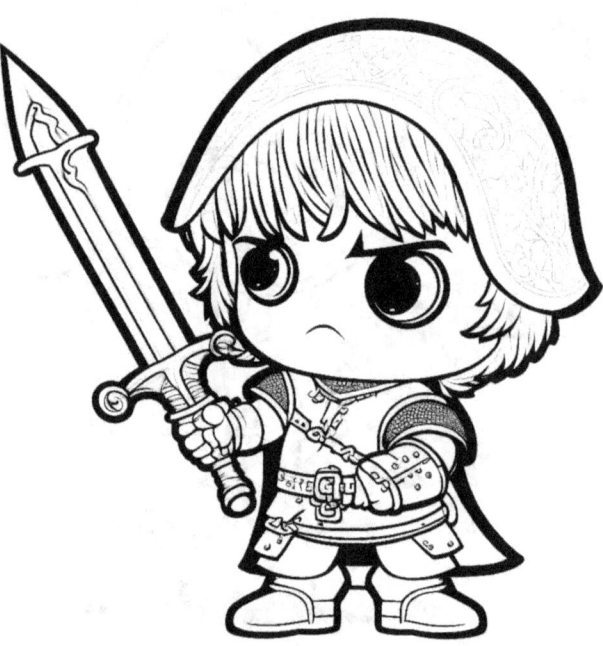
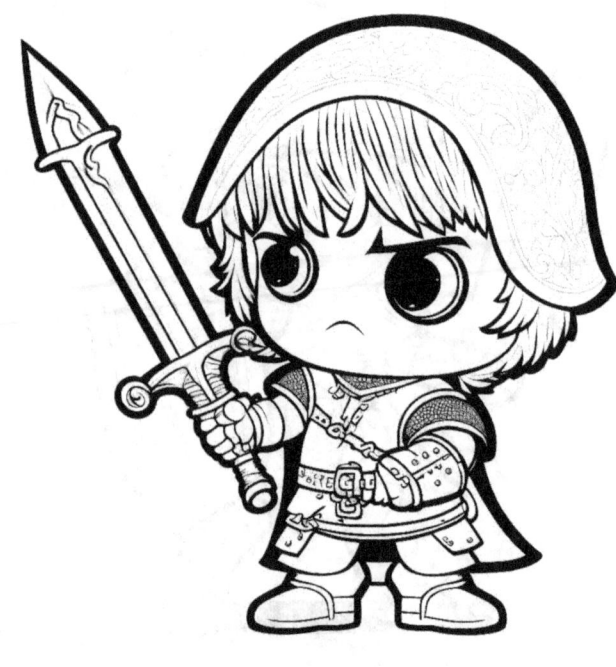
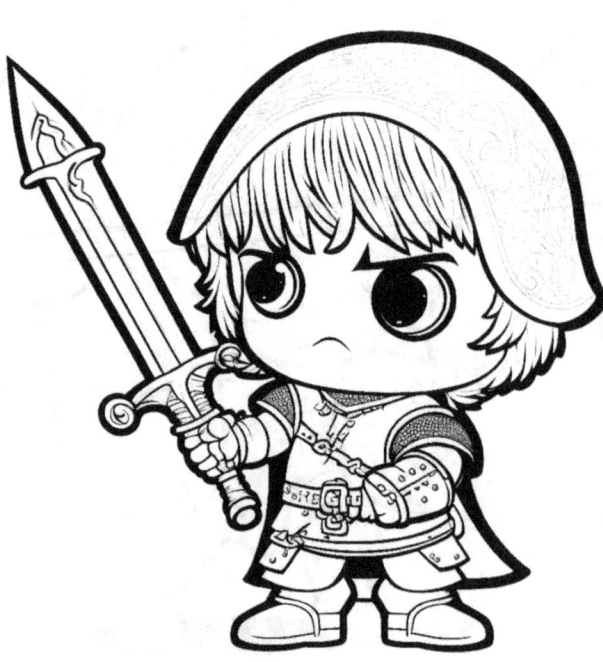

Which image is the odd one out?

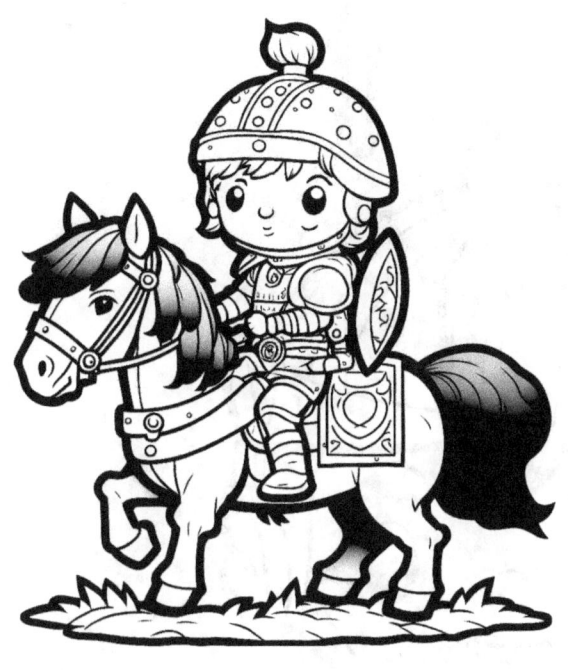
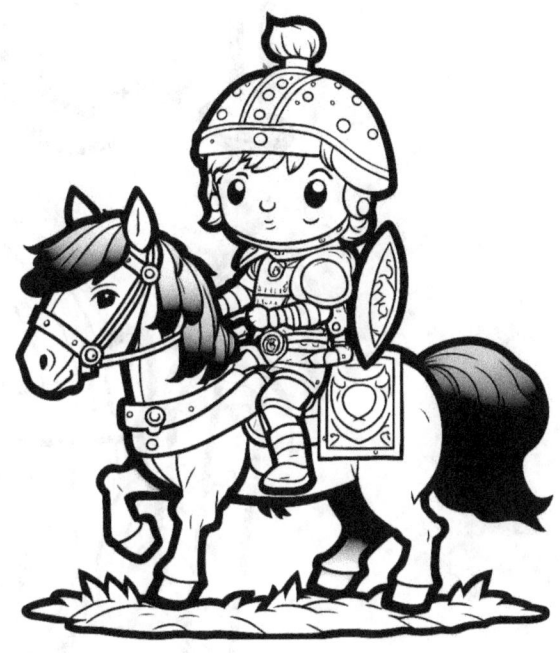
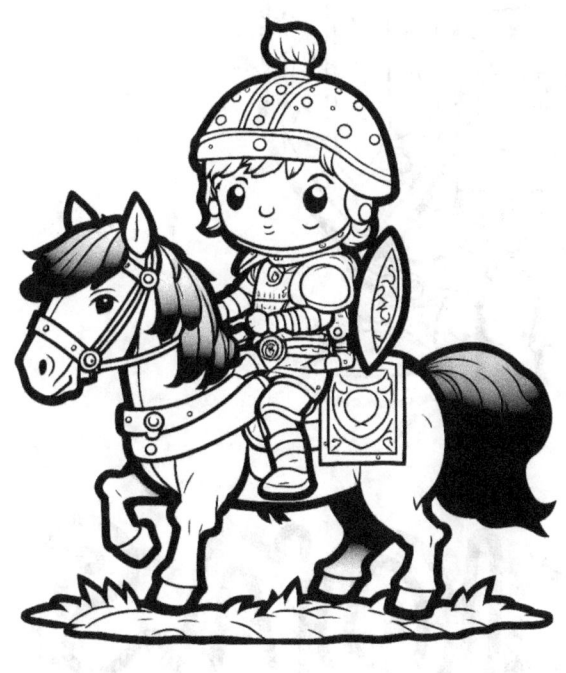
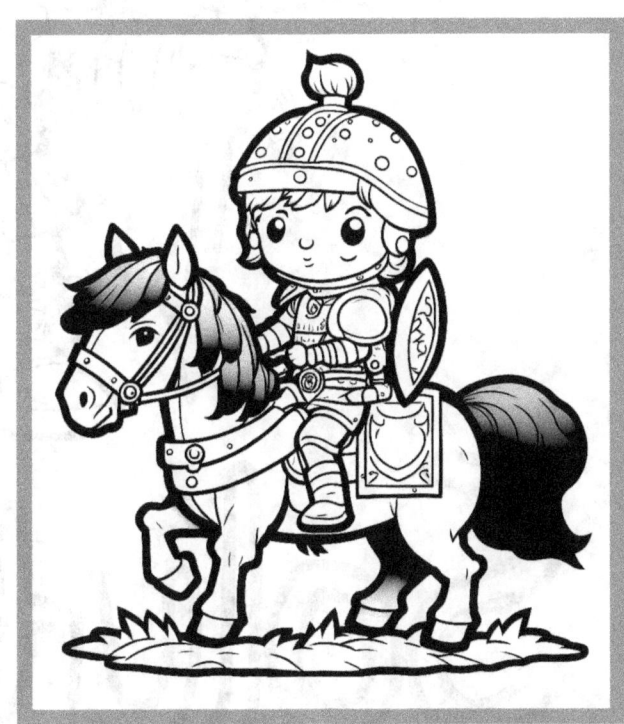

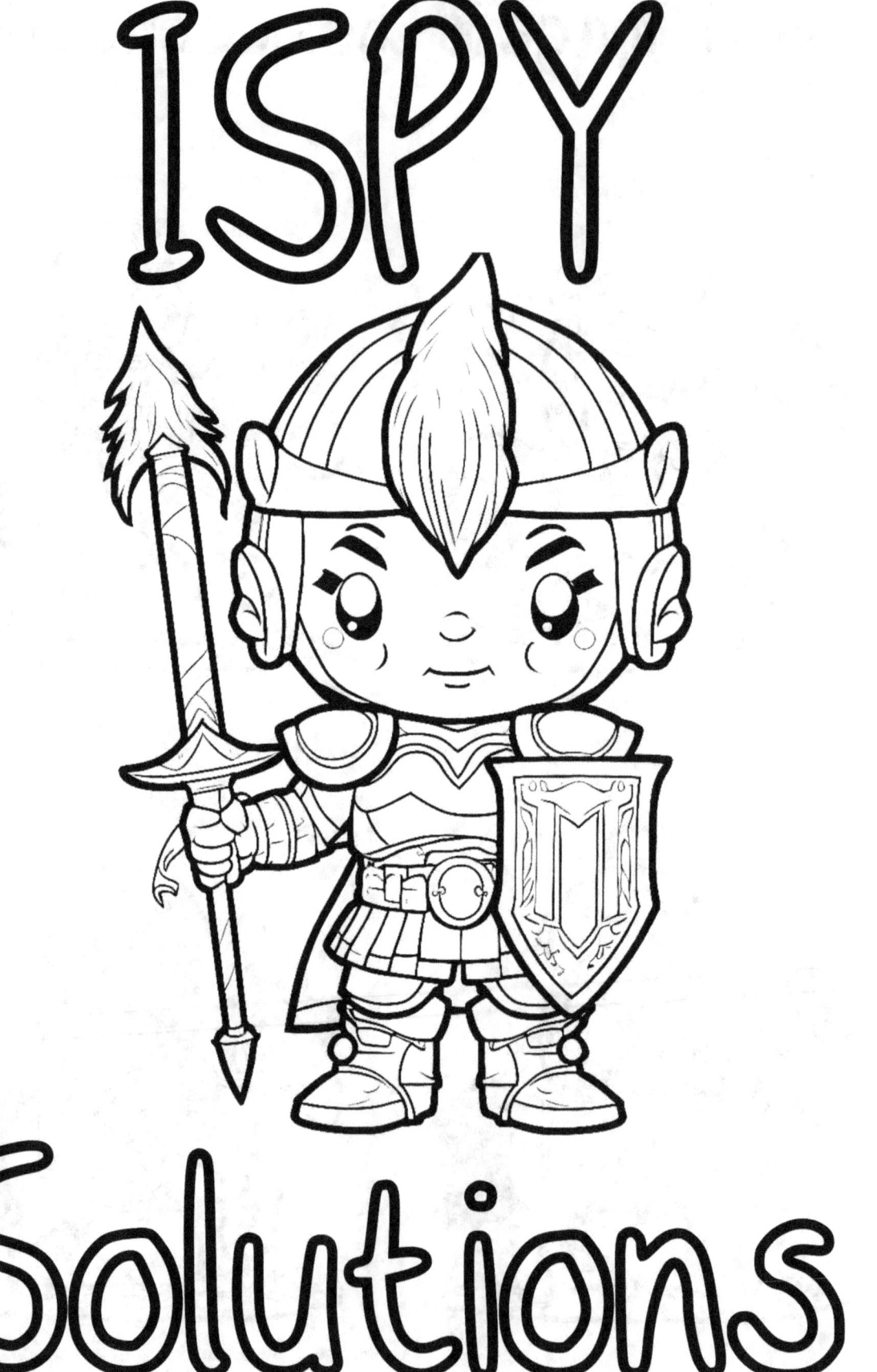

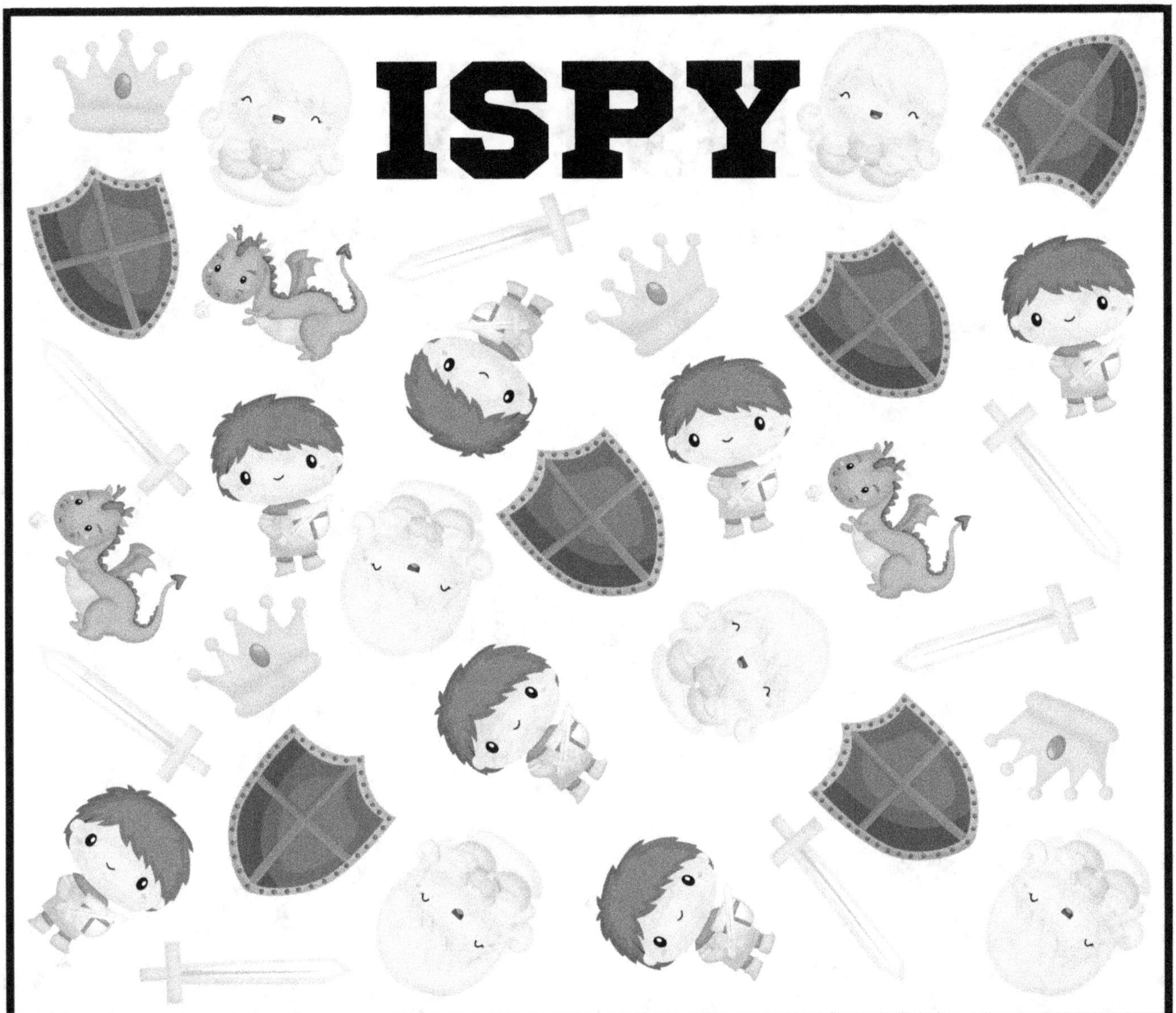

ISPY

How many do you see?

7 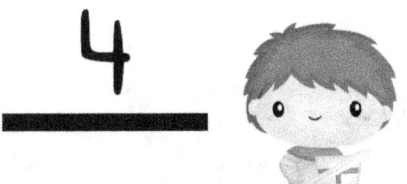 3 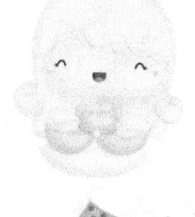 6

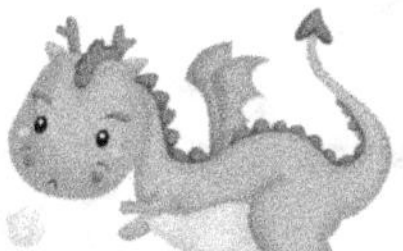

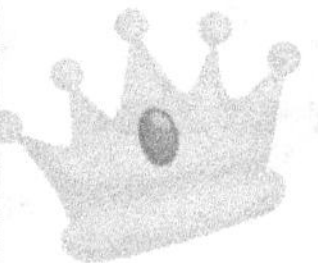

4 7 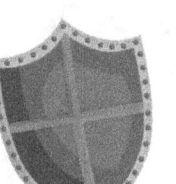 6

ISPY

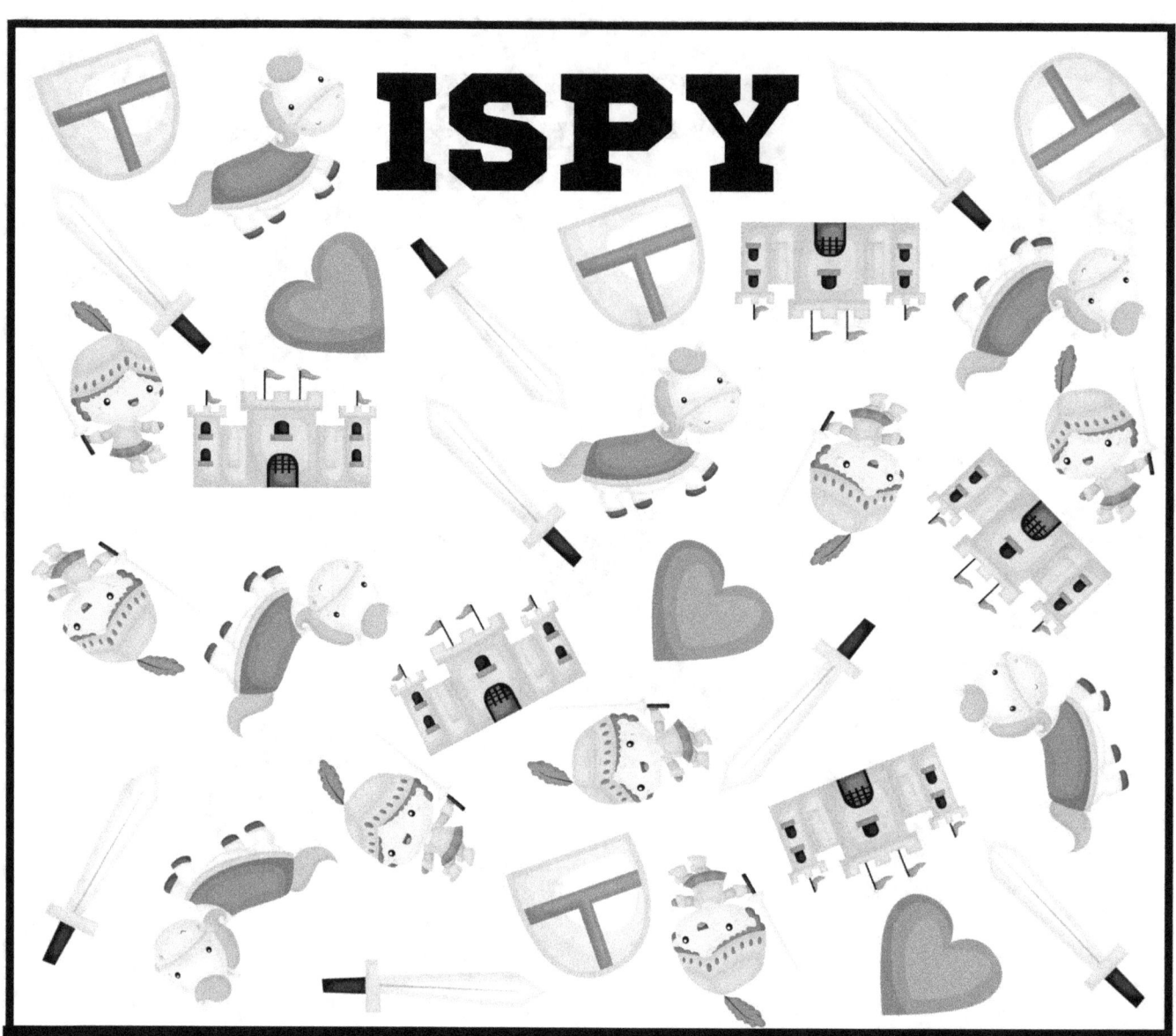

How many do you see?

8	6	4
7	5	3

ISPY

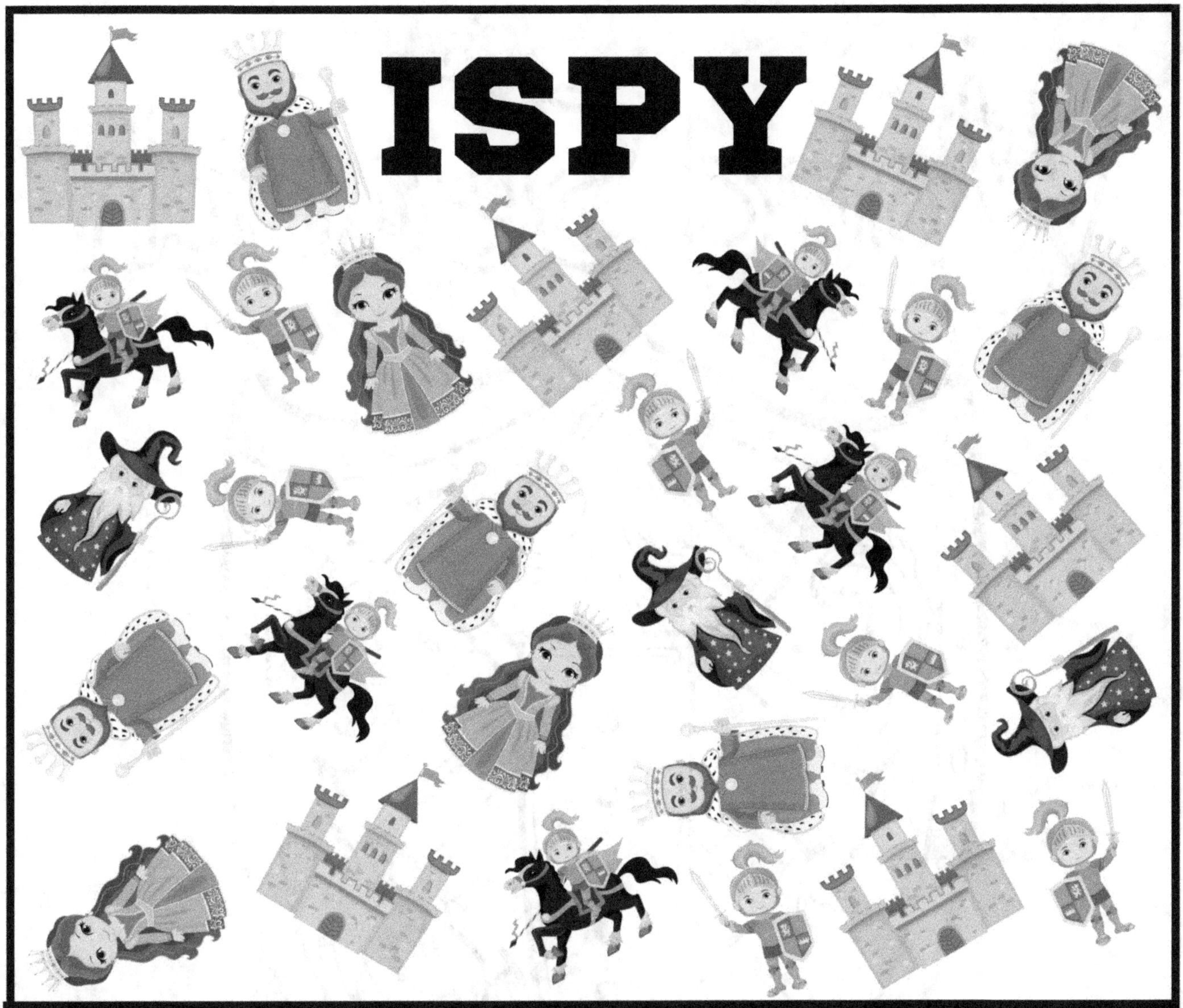

How many do you see?

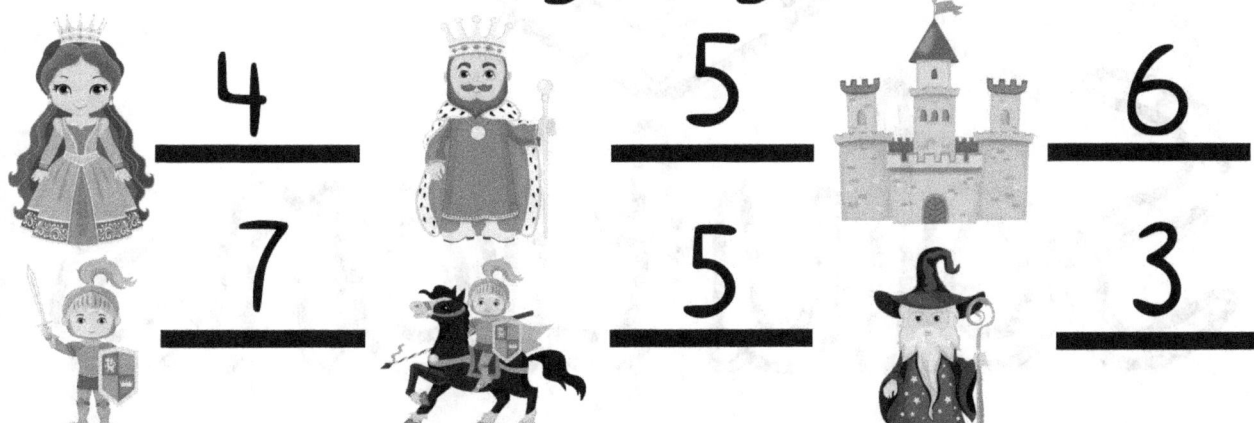

Word Search Solutions

E	I	G	S	A	J	D	Z	B	F	L	A	O	S	H	F
U	I	G	T	K	Q	Y	A	G	C	P	I	D	H	D	F
D	R	W	Y	D	R	F	Q	E	O	K	S	S	Z	Y	J
R	J	P	W	P	E	O	H	W	O	F	B	E	E	C	E
M	I	R	S	P	A	D	S	P	E	A	R	L	B	F	N
H	A	K	Z	R	J	M	R	L	O	P	N	K	R	T	I
E	C	C	M	U	J	T	N	V	T	Z	R	C	L	X	E
G	G	O	U	D	I	E	E	N	V	A	K	U	A	I	I
T	R	M	Y	Z	F	I	E	X	X	D	N	I	C	Z	A
R	H	W	L	M	C	I	D	L	I	F	D	W	I	Y	Z
M	C	G	W	J	C	J	A	G	L	A	L	C	S	S	Y
D	A	K	I	N	Q	Y	O	P	S	N	H	A	S	O	J
I	K	R	A	N	J	G	Z	T	M	T	Q	S	A	L	D
W	O	K	E	F	K	E	Q	H	Y	A	Y	T	L	J	T
I	Y	L	D	Q	V	Z	R	Q	M	S	H	L	C	Y	S
V	D	B	P	N	J	Z	A	R	W	Y	M	E	G	C	J

```
K O I Y T E G I L U E Q I X L A
C R C E Q U U S X F G N A R M K
T Q S O C I R L A V I H C P N E
F B P T M N J C L L W K P W A R
M A S J G P X Y O A N E H M C T
E M K P F N B M G V L K L O F Z
X U Q J H L O W P E P S V R P Q
T N R H G I Z E D I Y C W X U N
H G J O T Q S N C D G G F F C E
H B G Z P H U T R E S I U P C G
E P X X L E Y O O M I F W V G C
L G B Z D D N N Z R D B Y J R H
M A X S P A Z P I J I I P M A O
E N B P M Z C T R U N C P J R O
T B W T J L D U J O T U A A G B
F I B Q I O Z F K T B H X L F H
```

```
U P D O K M U P E K H E X V L B
B E W Q X E Q K B T D Z U A L V
L E L M I R Y T L A Y O R C T Q
O C C X K P V X J Q H W I M N J
G L C I F I D H Q V I L H M T S
Z H I Z C A N V J U W M Z E W E
L F G H Y V I G G U R N W L H H
U C A M P H H R D R N D H E Z J
H P M N M Q H B Y O T H R E R U
C E H T Y G D Z B T M F X O D V
D B V R A U I U C V A V G Y W H
S H M Q B V D E N F H L C P S S
F O Y M Q Y O N Z S Z B E H U R
X B X W T D O G W O H A Q U A T
F C E I M W N N I D A H E R F A
L W C O N Q U E S T D K A W J O
```

D	M	Q	H	A	F	W	R	G	Y	W	W	A	R	E	L
X	M	T	P	F	J	X	J	Q	P	Y	C	T	D	H	P
W	B	P	L	K	U	A	C	J	T	P	V	F	P	I	J
M	K	J	D	Z	F	R	F	P	H	L	F	A	O	S	Z
E	X	I	T	K	R	D	O	P	L	O	O	P	I	T	W
U	Q	W	C	R	B	A	A	V	I	I	R	K	Z	O	U
Q	M	R	W	L	I	C	I	Z	G	M	Z	S	B	R	E
I	F	G	X	H	U	D	U	U	T	U	J	I	E	I	P
T	L	A	C	I	H	T	Y	M	R	C	X	S	P	C	I
N	G	E	I	R	F	K	N	N	Y	X	C	E	V	P	C
A	S	C	B	Q	M	X	Y	J	L	H	Q	D	D	H	X
W	Q	D	R	O	D	W	O	K	Y	T	S	A	R	C	R
K	R	O	N	V	U	E	X	T	M	W	Q	S	O	G	E
D	J	U	K	N	Q	L	V	N	Q	V	S	U	Q	F	P
D	E	W	J	T	U	S	U	G	N	K	U	R	M	I	E
Q	Y	O	D	M	H	W	A	M	D	F	T	C	Q	T	D

Z	B	W	K	C	B	K	G	B	Q	U	Q	Y	R	D
G	P	Z	T	A	J	U	E	I	F	E	B	D	J	B
S	U	M	S	R	D	R	M	Y	D	K	S	Z	O	N
D	I	T	R	Z	Y	J	H	T	J	E	W	H	N	D
C	A	S	T	L	E	S	F	L	Y	D	S	L	T	H
F	X	B	D	J	L	M	N	N	G	O	K	G	D	F
F	D	N	L	L	K	O	R	O	C	O	H	Q	J	W
U	F	I	I	B	Z	A	U	U	O	A	K	N	P	Z
C	K	K	E	D	A	H	A	E	Z	A	B	O	V	X
T	B	P	H	I	B	E	S	S	N	L	G	E	T	L
J	G	D	S	L	A	Y	O	R	C	O	H	A	J	W
A	V	I	E	A	Z	Q	U	W	I	E	A	R	V	H
Q	P	U	G	B	H	M	C	N	L	G	N	D	B	Z
M	F	R	N	V	Y	A	F	D	E	N	F	L	U	Z
M	C	A	C	M	I	T	Z	H	R	U	K	D	L	Y
H	T	I	M	S	K	C	A	L	B	D	E	C	N	T

Scissors skills

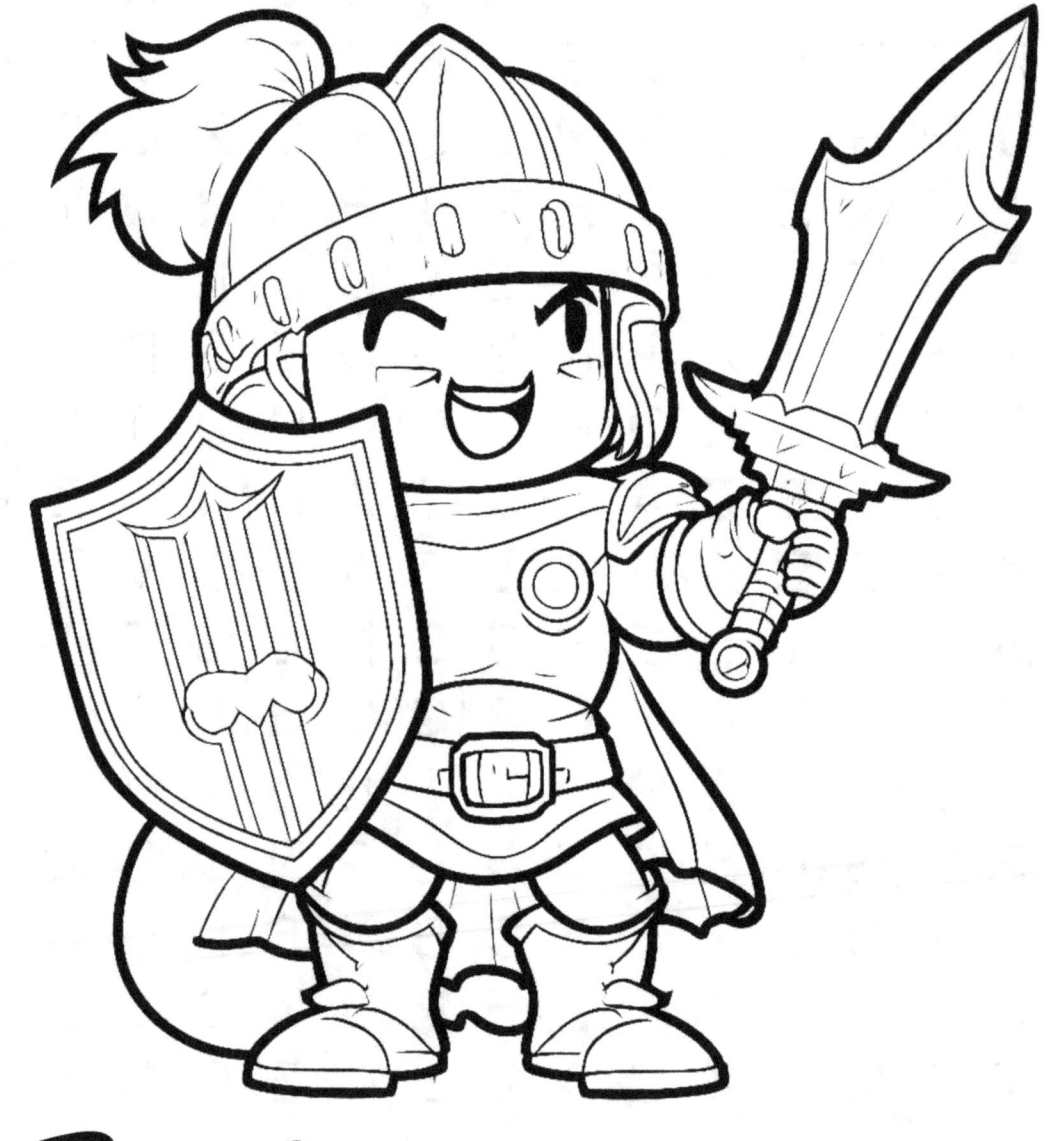

Solutions

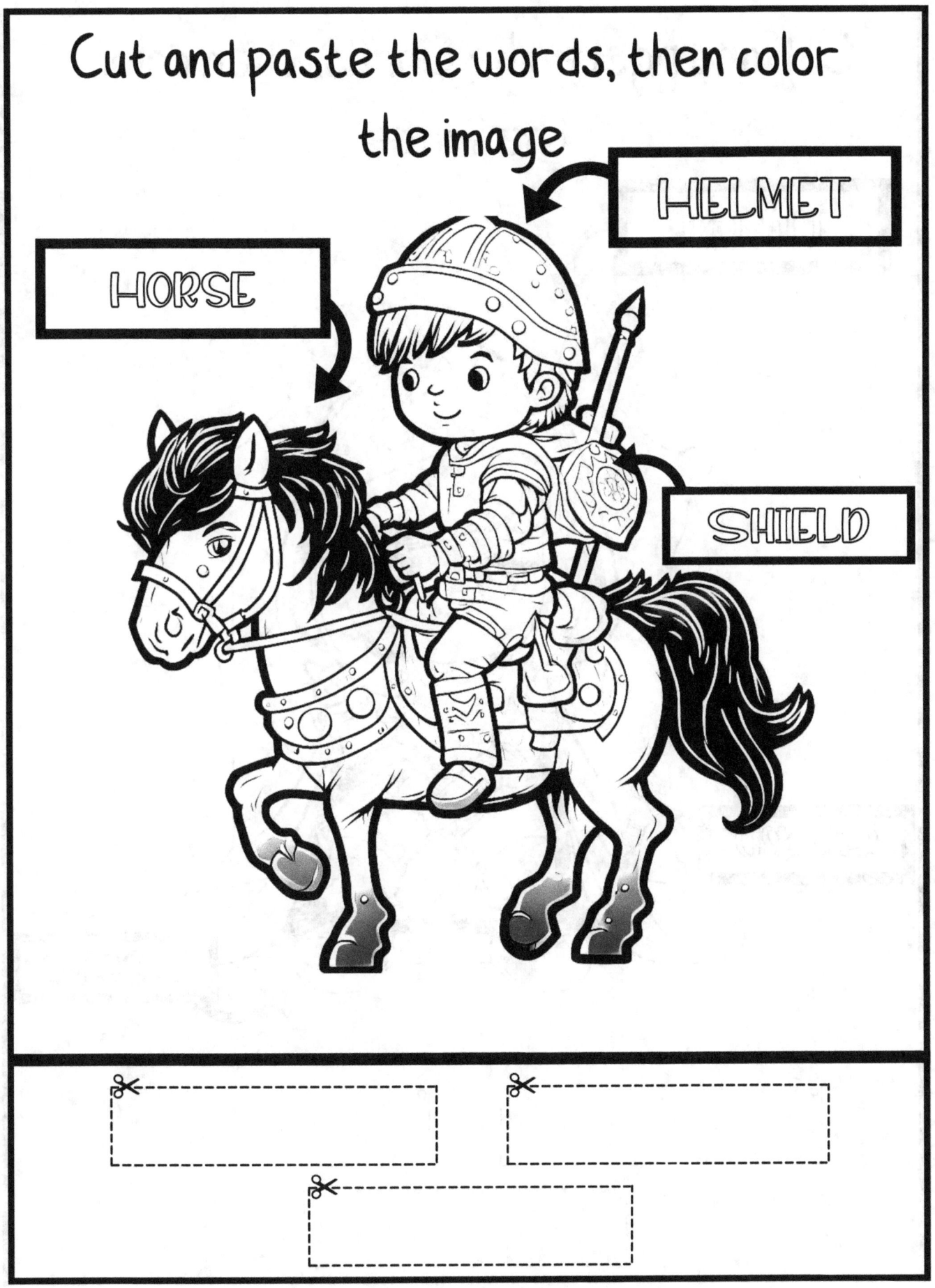

Cut and paste the words, then color the image

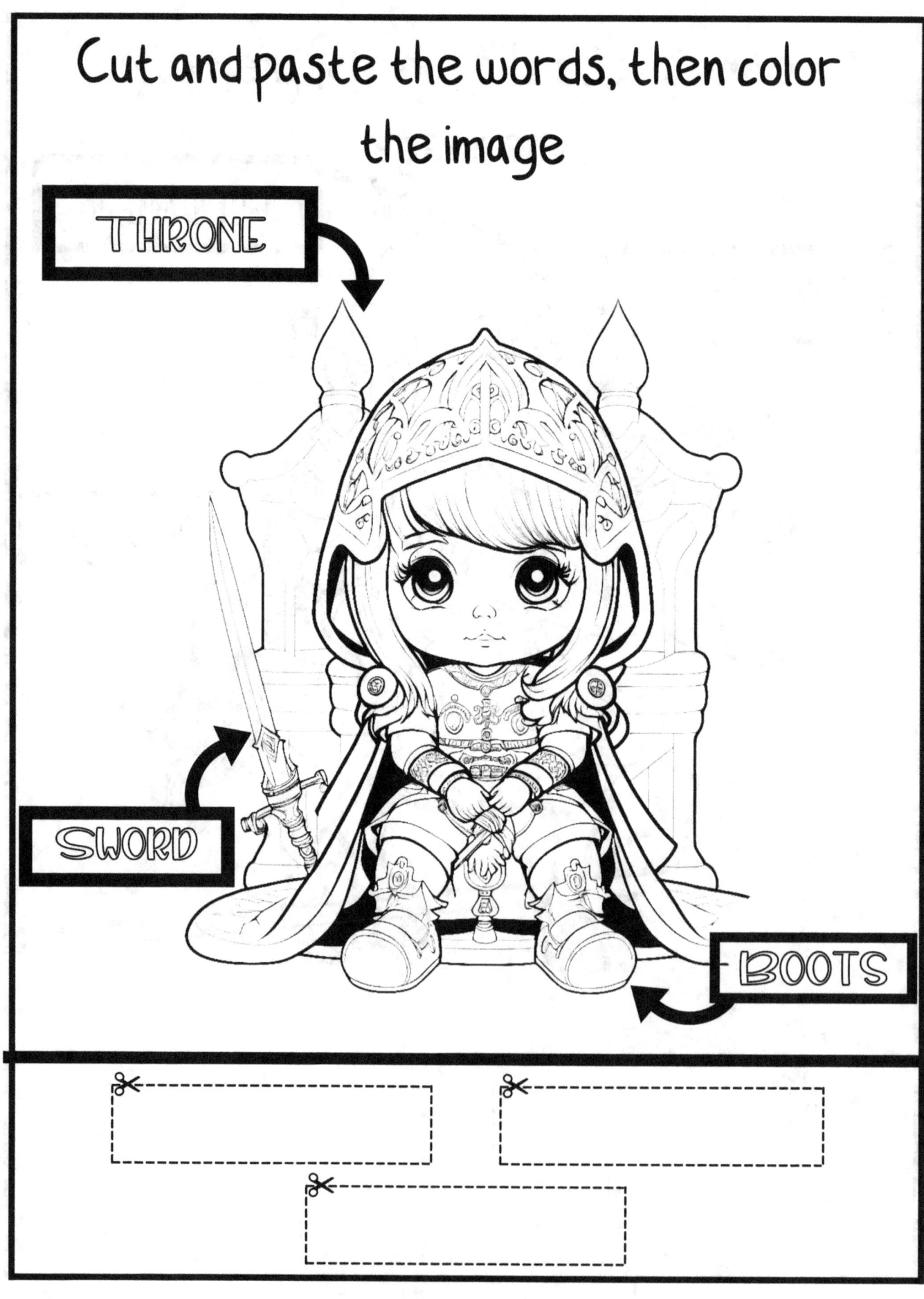

Cut and paste the words, then color the image

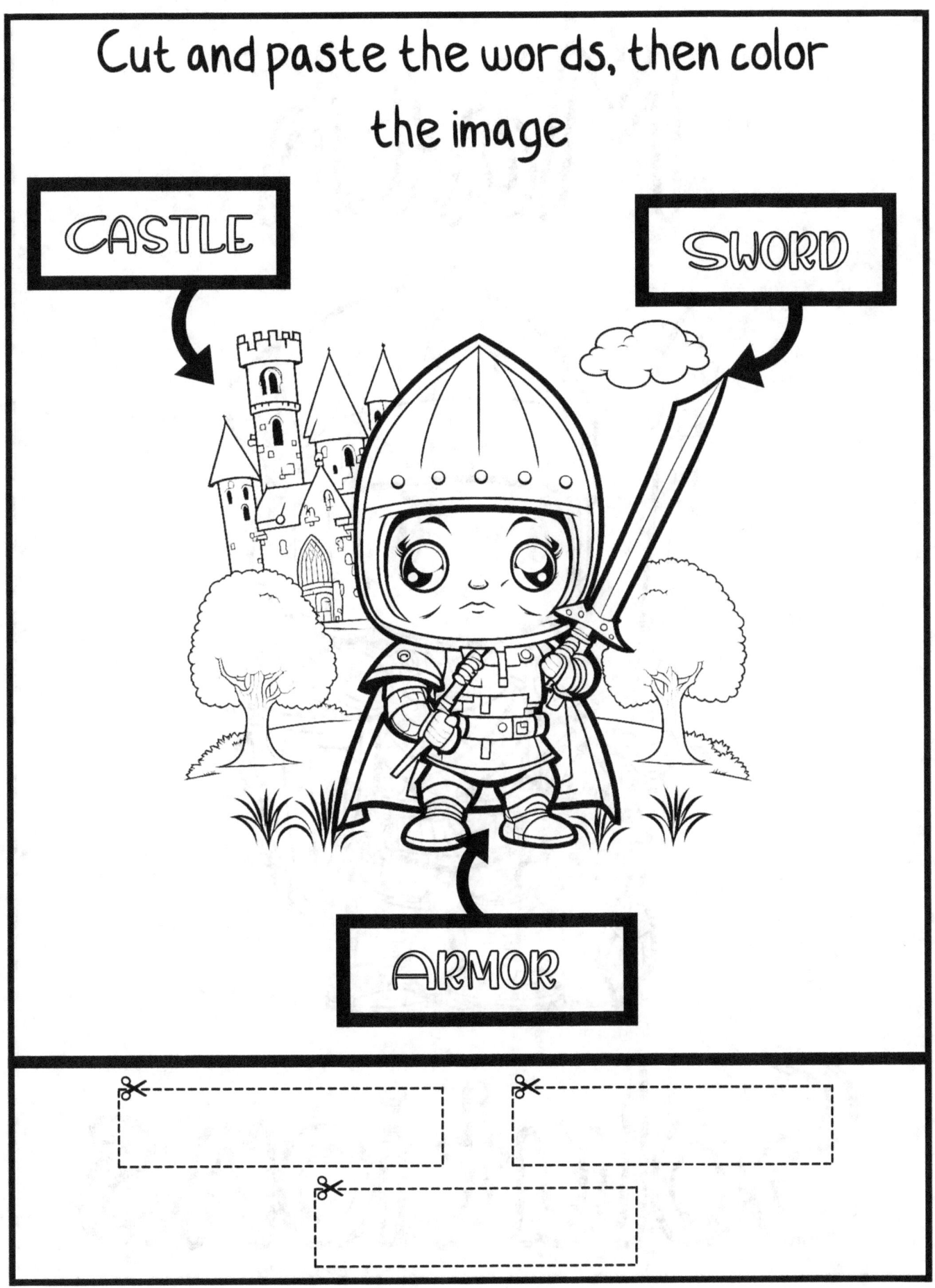

Math

Solutions

1) 5 + [1] = 6
2) 2 + [8] = 10
3) 5 + [8] = 13
4) 3 + [1] = 4
5) 2 + [2] = 4
6) 1 + [3] = 4
7) 1 + [9] = 10
8) 8 + [4] = 12
9) 9 + [1] = 10
10) 2 + [3] = 5
11) 5 + [7] = 12
12) 7 + [9] = 16
13) 3 + [4] = 7
14) 4 + [9] = 13
15) 3 + [9] = 12
16) 9 + [7] = 16
17) 7 + [5] = 12
18) 1 + [3] = 4
19) 9 + [9] = 18
20) 3 + [2] = 5
21) 5 + [9] = 14
22) 3 + [2] = 5
23) 2 + [1] = 3
24) 8 + [3] = 11
25) 8 + [1] = 9
26) 4 + [3] = 7
27) 1 + [4] = 5
28) 4 + [5] = 9
29) 4 + [3] = 7
30) 6 + [8] = 14
31) 8 + [4] = 12
32) 3 + [8] = 11
33) 9 + [2] = 11
34) 9 + [1] = 10
35) 1 + [8] = 9
36) 2 + [2] = 4
37) 7 + [8] = 15
38) 6 + [4] = 10
39) 9 + [5] = 14
40) 4 + [9] = 13
41) 3 + [1] = 4
42) 7 + [1] = 8
43) 2 + [8] = 10
44) 2 + [7] = 9
45) 2 + [8] = 10
46) 5 + [8] = 13
47) 4 + [8] = 12
48) 7 + [2] = 9

1) 5 + 6 = 11
2) 5 + 6 = 11
3) 4 + 6 = 10
4) 7 + 4 = 11
5) 3 + 1 = 4
6) 3 + 5 = 8
7) 2 + 5 = 7
8) 5 + 3 = 8
9) 5 + 3 = 8
10) 3 + 8 = 11
11) 8 + 5 = 13
12) 2 + 4 = 6
13) 7 + 6 = 13
14) 6 + 5 = 11
15) 2 + 3 = 5
16) 5 + 6 = 11
17) 3 + 8 = 11
18) 9 + 5 = 14
19) 1 + 1 = 2
20) 4 + 4 = 8
21) 2 + 6 = 8
22) 1 + 7 = 8
23) 3 + 1 = 4
24) 7 + 9 = 16
25) 8 + 6 = 14
26) 3 + 1 = 4
27) 8 + 3 = 11
28) 3 + 5 = 8
29) 6 + 5 = 11
30) 1 + 2 = 3
31) 6 + 6 = 12
32) 4 + 1 = 5
33) 1 + 2 = 3
34) 8 + 4 = 12
35) 4 + 5 = 9
36) 2 + 4 = 6
37) 9 + 3 = 12
38) 3 + 4 = 7
39) 2 + 4 = 6
40) 9 + 3 = 12
41) 3 + 6 = 9
42) 1 + 8 = 9
43) 2 + 4 = 6
44) 4 + 8 = 12
45) 9 + 4 = 13
46) 4 + 9 = 13
47) 3 + 6 = 9
48) 3 + 6 = 9

1) 9 - [2] = 7
2) 6 - [6] = 0
3) 5 - [4] = 1
4) 4 - [2] = 2
5) 9 - [2] = 7
6) 9 - [9] = 0
7) 7 - [5] = 2
8) 8 - [1] = 7
9) 5 - [3] = 2
10) 6 - [3] = 3
11) 4 - [2] = 2
12) 5 - [1] = 4
13) 7 - [4] = 3
14) 2 - [1] = 1
15) 5 - [1] = 4
16) 8 - [3] = 5
17) 3 - [3] = 0
18) 8 - [7] = 1
19) 8 - [2] = 6
20) 9 - [5] = 4
21) 6 - [5] = 1
22) 7 - [4] = 3
23) 7 - [1] = 6
24) 2 - [2] = 0
25) 7 - [5] = 2
26) 9 - [6] = 3
27) 3 - [2] = 1
28) 9 - [7] = 2
29) 6 - [4] = 2
30) 7 - [5] = 2
31) 4 - [1] = 3
32) 8 - [5] = 3
33) 7 - [5] = 2
34) 7 - [6] = 1
35) 7 - [3] = 4
36) 5 - [5] = 0
37) 4 - [1] = 3
38) 8 - [8] = 0
39) 9 - [1] = 8
40) 3 - [3] = 0
41) 9 - [7] = 2
42) 9 - [6] = 3
43) 9 - [4] = 5
44) 8 - [7] = 1
45) 8 - [8] = 0
46) 9 - [9] = 0
47) 5 - [1] = 4
48) 1 - [1] = 0

1) 5 − [1] = 4
2) 9 − [8] = 1
3) 9 − [4] = 5
4) 5 − [3] = 2
5) 3 − [2] = 1
6) 8 − [2] = 6
7) 6 − [3] = 3
8) 1 − [1] = 0
9) 8 − [5] = 3
10) 1 − [1] = 0
11) 4 − [4] = 0
12) 8 − [1] = 7
13) 5 − [3] = 2
14) 7 − [4] = 3
15) 8 − [1] = 7
16) 8 − [4] = 4
17) 7 − [7] = 0
18) 6 − [4] = 2
19) 8 − [7] = 1
20) 8 − [3] = 5
21) 3 − [2] = 1
22) 8 − [2] = 6
23) 7 − [4] = 3
24) 8 − [5] = 3
25) 5 − [1] = 4
26) 8 − [4] = 4
27) 5 − [1] = 4
28) 6 − [6] = 0
29) 4 − [1] = 3
30) 4 − [3] = 1
31) 7 − [6] = 1
32) 4 − [2] = 2
33) 8 − [8] = 0
34) 9 − [5] = 4
35) 3 − [3] = 0
36) 2 − [2] = 0
37) 6 − [6] = 0
38) 6 − [5] = 1
39) 8 − [1] = 7
40) 7 − [3] = 4
41) 8 − [3] = 5
42) 4 − [3] = 1
43) 7 − [2] = 5
44) 8 − [8] = 0
45) 7 − [3] = 4
46) 6 − [2] = 4
47) 8 − [6] = 2
48) 3 − [1] = 2

 www.ingramcontent.com/pod-product-compliance
Lightning Source LLC
Chambersburg PA
CBHW080505220526
45465CB00006B/2384